Dr. Klaus Rischar

# Kritik als Chance
# für Vorgesetzte
# und Mitarbeiter

**2., überarbeitete Auflage**

D1722619

expert verlag

Die Deutsche Bibliothek – CIP-Einheitsaufnahme

Rischar , Klaus:
Kritik als Chance für Vorgesetzte und Mitarbeiter /
Klaus Rischar . - 2., überarb. Aufl.. - Renningen : ex-
pert-Verl., 2002

ISBN 3-8169-2111-6

ISBN 3-8169-2111-6

2., überarbeitete Auflage 2002
1. Auflage 2000

Bei der Erstellung des Buches wurde mit großer Sorgfalt vorgegangen; trotzdem können Fehler nicht
vollständig ausgeschlossen werden. Verlag und Autoren können für fehlerhafte Angaben und deren
Folgen weder eine juristische Verantwortung noch irgendeine Haftung übernehmen.
Für Verbesserungsvorschläge und Hinweise auf Fehler sind Verlag und Autoren dankbar.

© 2000 by expert verlag, Wankelstr. 13, D-71272 Renningen
Tel.: +49 (0) 71 59 - 92 65 - 0, Fax: +49 (0) 71 59 - 92 65 - 20
E-Mail: expert@expertverlag.de, Internet: www.expertverlag.de
Alle Rechte vorbehalten
Printed in Germany

Klaus Rischar

# Kritik als Chance
# für Vorgesetzte
# und Mitarbeiter

2., überarbeitete Auflage

Als Dank für die langjährige
hervorragende Zusammenarbeit
mit meiner Kollegin
Christa Ravenstein.

# Vorwort

In vielen Verhaltenstrainings für Vorgesetzte, Assessment-Centern zur Selektion künftiger Führungskräfte und zahlreichen Gesprächen und Coachings zeigte sich immer wieder deutlich die häufig unberechtigte Furcht vor Kritikgesprächen. Hauptursachen waren die eigene negative Einstellung gegenüber Kritik, ein übermächtiges Harmoniebedürfnis und das fehlende Vermögen zur souveränen Gesprächsführung, speziell zu Dialogen kritischen Inhalts mit Mitarbeitern.

Ich will deshalb mit meinem Buch diese Ziele konsequent verfolgen:
1. Ihnen als dem Vorgesetzten die Furcht nehmen, Ihre Mitarbeiter/innen deutlich und zugleich konstruktiv zu kritisieren
2. stattdessen sollen Sie erkennen, dass sich nur so Ihre Mitarbeiter/innen persönlich und fachlich weiterentwickeln und Sie als Vorgesetzter frei für Ihre Kernaufgaben werden
3. Ihnen zeigen, wie Sie echte Dialoge mit Ihren Mitarbeitern/innen führen und diese so zu einer angemessenen selbstkritischen Einstellung anleiten.

Im ersten Teil meines Buches beschäftige ich mich eingehend mit der unberechtigten Furcht vor einer Verschlechterung der zwischenmenschlichen Beziehungen durch Kritik als solche, aber auch mit problematischen Formen der Kritik, die diese Situation auslösen können.
Ohne Kritik müssen Stagnation und Rückschritt bei den Mitarbeitern/innen eintreten. Damit vernachlässigt der Vorgesetzte die wesentliche Pflicht, die ihm anvertrauten Menschen in persönlicher und fachlicher Hinsicht optimal zu entwickeln. Führungskräfte sollen darüber hinaus ihre Mitarbeiter/innen schrittweise und systematisch zu selbstkritischem Grundverhalten anleiten; dann werden Sie als Vorgesetzte/r auch besonders schwierige Kritik wie die an Einstellung und Verhalten und beim Kritikgespräch im Wiederholungsfall meistern.

Im Anhang unterstütze ich Sie konkret anhand praktischer Beispiele, so dass Sie prüfen können, wieweit Sie heute bereits aktiv und passiv kritikfähig sind und wie Sie sich weiter auf diesem Gebiet vervollkommnen.

Ausschließlich aus Gründen der Lesefreundlichkeit verwende ich die männliche Sprachform.

Dr. Klaus Rischar

# Inhaltsverzeichnis

# Vorbemerkungen

Das aus dem Griechischen stammende Wort „Kritik" bezeichnet jede objektive Beurteilung anhand festgelegter Maßstäbe als Kriterien. Deshalb heißt es z. B. Buch-, Theater-, Filmkritik. Seit der Antike hat sich in einer langen Tradition die Kunst des Beurteilens entwickelt, als eine Methode der Analyse und der daraus sich ergebenden Beurteilung. Kritikfähigkeit setzt deshalb ein bestimmtes intellektuelles Können voraus, das Psychologen mit einem Kritik-Test prüfen können. Dabei wird als Aufgabe die Analyse eines Textes verwandt.

Kritik ist kein Stichwort in der Fachliteratur der Führungslehre oder der Personalentwicklung, wird aber erwähnt in der Erziehungslehre und der pädagogischen Psychologie.
So schreibt Roth:
„Jede Begabung verflacht ohne Kritik.
Kritik bedeutet zweierlei:
1.    Störung der Selbstzufriedenheit
2.    Aufrechterhaltung des Vertrauens zu bedeutenden Leistungen."

In der Umgangssprache bedeutet Kritik die Analyse und Übermittlung von negativen Auffälligkeiten, z. B. Einwände gegen eine Leistung.
Kritik hat einen wichtigen Stellenwert in der Erziehungspsychologie. Ihr geht es vor allem um die passive Kritikfähigkeit: die psychologische Wirkung von Kritik auf die kritisierte Person.

In diesem Buch geht es um negative Kritik: Im Wesentlichen um
1.    die aktive Kritikfähigkeit des Vorgesetzten
       als Bereitschaft und Fähigkeit, rechtzeitig und angemessen Kritik an Leistung und Verhalten von Mitarbeitern zu üben,
2.    die passive Kritikfähigkeit des Mitarbeiters
       als dessen Bereitschaft und Fähigkeit, Kritik aufzunehmen, zu verarbeiten und als Konsequenz, Leistung und Verhalten zu verbessern.
In der Beziehung Vorgesetzter - Mitarbeiter wird es nicht selten im Rahmen des von der Führungskraft geführten Kritikgesprächs zur Gegenkritik des Beurteilten kommen, also muss dieser auch psychologisch geschickt und konstruktiv Kritik üben (= aktive Kritikfähigkeit) und der Vorgesetzte sein eigenes Vorgehen kritisch hinterfragen können (= passive Kritikfähigkeit).

Im Sinne von Roth ist Kritik eine Chance:

1. Für den Vorgesetzten,
   seine Mitarbeiter weiter zu entwickeln
   und
2. für den Mitarbeiter,
   sein Potential stärker und zielgerichteter zu nutzen.

Fehlende oder unzureichende negative Kritik führt zwangsläufig zu Stagnation und Rückschritt.

In diesem Buch geht es wesentlich um die Wirkung und die durch negative Kritik entstehenden zwischenmenschlichen Prozesse im Rahmen der Mitarbeiterführung.

# 1. Unberechtigte Furcht des Vorgesetzten vor dem Kritisieren

## 1.1 Gefahren für die persönliche Beziehung

Der Vorgesetzte nimmt an, dass zwischen ihm und seinem Mitarbeiter ein gutes zwischenmenschliches Verhältnis besteht. Das schließt er z.B. daraus, dass
1) sie sich duzen
2) gegenseitige Loyalität herrscht.
Gegenüber Dritten vertritt der Vorgesetzte das Tun seines Mitarbeiters und umgekehrt, da
3) sie erfolgreich miteinander kooperieren
4) sie weitgehend gleiche Standpunkte haben
5) sie sich auch privat verstehen
6) das Über- und Unterordnungsverhältnis durch einen mehr partnerschaftlichen Umgang miteinander in den Hintergrund getreten ist.
Jetzt ist aber eine Situation eingetreten, in welcher der Vorgesetzte den Mitarbeiter negativ kritisieren muss. Dessen Leistung und/oder Auftreten und Verhalten entsprechen nicht den geltenden Normen. Sie müssen also schnellstens und deutlich genug verändert werden. Der Sachzwang dazu kann so stark werden, dass beim Unterbleiben der notwendigen rechtzeitigen Kritik durch den Vorgesetzten diese von einer dritten Seite intern oder extern erfolgt. Damit gerät der Vorgesetzte selbst in das Schussfeld.
Weshalb fürchtet der Vorgesetzte zu kritisieren, obwohl der Sachverhalt klar ist und eine gute zwischenmenschliche Beziehung besteht? Weil er sich selbst oder sie sich sogar beide über die wahren Verhältnisse täuschen. Ein positiver Umgang miteinander setzt Offenheit voraus, gegenseitige Akzeptanz. Gehen wir die Beispiele unter diesem Gesichtspunkt durch.

Zu 1)
Die deutsche Sprache hat den Vorteil, dass sich zwei Menschen gegenseitig mit Sie oder Du anreden und damit auch die Enge ihrer Beziehung ausdrücken können. Diese Entscheidung setzt die beiderseitige Zustimmung voraus. In manchen gesellschaftlichen Gruppen gilt jedoch der Übergang vom Sie zum Du als selbstverständlich, wenn eine Person ihnen angehört. Es kommt nicht mehr auf die gegenseitige Bejahung an.

*Beispiele:*
- Kirchliche
- Sportliche
- Politische
- Gewerkschaftliche Gruppen.

Junge Menschen kennen oft die Grenze zwischen Sie und Du nicht mehr. Eine kurze Begegnung im Betrieb oder in einem Verkehrsmittel führt bereits zum Du, sobald gewisse Gemeinsamkeiten erkennbar sind.

Vorgesetzten fällt es nicht selten schwer, die erforderliche deutliche Kritik auszusprechen, vor allem, weil der Mitarbeiter diese plötzliche Reaktion für wenig vereinbar mit dem bisherigen Umgangsstil hält. Häufig überlegt der Vorgesetzte zu lange, ob er überhaupt kritisieren soll und wenn, dann geschieht dies zu vorsichtig. Das kritisierte Verhalten bleibt bestehen, weil der Vorgesetzte es nicht wirklich untersagt hat. Bei seiner Kritik entschuldigt sich der Vorgesetzte fast bei seinem Mitarbeiter für die korrigierenden Hinweise und die kritischen Worte. Auch das beste zwischenmenschliche Verhältnis entbindet den Vorgesetzten nicht von seiner Führungsaufgabe und von der Verantwortung für das Tun seiner Mitarbeiter und diese nicht davon, ihre Aufgaben sach- und termingerecht zu erledigen. Das Über- und Unterordnungsverhältnis mit allen damit verbundenen Konsequenzen bleibt unverrückbar bestehen, auch bei einem sehr kooperativen oder fälschlich demokratisch genannten Führungsstil.

Ist die persönliche Beziehung durch negative Kritik gefährdet? Nur, wenn sich beide über die wahre Situation getäuscht haben:

Der Vorgesetzte hat seinen Mitarbeiter zu sehr als Kollegen gesehen, als Gleichrangigen, der Mitarbeiter seinen Chef nicht wirklich als Vorgesetzten mit klarem Weisungsrecht, sondern als Partner bei der gemeinsamen Arbeit. Je ausgeprägter das kollegiale Verhältnis bisher war, desto größer muss zwangsläufig jetzt das negative Empfinden des Mitarbeiters und die Furcht des Vorgesetzten vor einer deutlichen Kritik sein. Was soll der Vorgesetzte tun?

a) Die Arbeitsgruppe, zu der beide zählen, hat im Betrieb eine bestimmte Aufgabe zu bewältigen, um das Gesamtergebnis zu erreichen.

b) Erbringt der Mitarbeiter nicht die geforderte Qualität und Quantität, kann der Vorgesetzte diese Mängel zumindest auf Dauer nicht ausgleichen, ohne die eigene Tätigkeit zu vernachlässigen. Das würde letztlich beiden schaden.

c) Ein wirklich gutes zwischenmenschliches Verhältnis, auch außerhalb des Betriebes, setzt voraus, dass Offenheit zwischen beiden herrscht. Jeder muss wissen, was der andere wirklich von ihm hält, sonst kann es keine Vertrauensbasis geben.

d) Will der Vorgesetzte aus einer positiven Einstellung zu seinem Mitarbeiter heraus diesen unterstützen, dann muss er ihm auch weiterhelfen, soweit ihm dies möglich ist. Dazu trägt negative Kritik entscheidend bei.

## Zu 2)

Loyalität ist mehr als das bloße Verteidigen des Verhaltens oder der Leistung eines anderen vor Dritten. Diese Vorgehensweise kann auf reine Nützlichkeitserwägungen zurückgehen. Ich schade mir selbst, wenn ich dem anderen in den Rücken falle, weil z.B.

- die Fehlleistung des Mitarbeiters auf falsche Direktiven des Vorgesetzten zurückgeht
- dieser seine Kontrollpflicht verletzte
- der Mitarbeiter sich bei nächster Gelegenheit rächen könnte
- der Angriff gegen den Mitarbeiter in Wahrheit gegen den Vorgesetzten gerichtet ist.

Wahre Loyalität zwischen Vorgesetztem und Mitarbeiter geht darauf zurück, dass die Führungskraft die Zusammenarbeit beider als die eines Teams ansieht. Sie treten nach außen hin als Einheit auf, weil die Gruppenmitglieder Streitfragen – und dazu gehören auch Leistungsmängel – unter sich zugeben. Diese Norm ist beiden klar. Folglich kann die persönliche Beziehung nicht darunter leiden, wenn der Vorgesetzte versucht, durch seine negative Kritik die bestehenden Missstände umgehend auszuräumen. Geschieht dies dennoch nicht, wird der Druck von außen auf die Gruppe zunehmen, woran auch der Mitarbeiter nicht interessiert sein kann.

## Zu 3)

Eine Kooperation kann nur so erfolgreich sein wie die Leistung des schwächsten Gliedes. Steigert sie sich z.B. durch das Ernstnehmen der erfolgten Kritik, wird das Gesamtergebnis besser, was auch einen Vorteil für den Mitarbeiter darstellt. Leidet dagegen die Kooperation unter der Kritik, so hat der Mitarbeiter sie nicht wirklich als Gemeinschaftsleistung empfunden, sondern jeder arbeitete für sich.

## Zu 4)

Gleiche Standpunkte zu haben, bedeutet nicht, in allen Einzelheiten übereinzustimmen, sondern im Grundsätzlichen einig zu sein. Folglich kann es unterschiedliche Ansichten über die notwendige Qualität einer zu erbringenden Leistung geben. Das ist beim Kritikgespräch der Fall. Der Mitarbeiter war mit seinem Arbeitsergebnis zufrieden, der Vorgesetzte aber muss das Resultat kritisieren, weil es z. B. dem vorgelegten Standard nicht entspricht.

## Zu 5)

Es ist grundsätzlich zu begrüßen, wenn sich Vorgesetzter und Mitarbeiter auch privat gut verstehen. Eine Vermischung aber der beiden Lebenskreise ist gefährlich, weil darunter die betriebliche Leistung zu stark leiden kann. Der Vorgesetzte darf seinen Mitarbeiter und dessen häuslichen Lebenskreis positiv finden, sie können z.B. gemeinsam Hobbys betreiben oder in Urlaub fahren, aber es gibt eine notwendige, menschlich schwer zu erfüllende Anforderung: Entscheidend ist das Erbringen der geforderten betrieblichen Leistung. In dieser Hinsicht darf der private den dienstlichen Lebenskreis nicht negativ beeinflussen. Das betrifft nicht nur zu viel Milde gegenüber Fehlleistungen des Mitarbeiters, sondern generell die Bevorzugung gegenüber Kollegen, was den Beteiligten oft leider selbst nicht auffällt.

## Zu 6)

Noch immer wird es in allen Organisationen, und damit auch in Betrieben, hierarchische Strukturen geben. Es ist wegen des Direktionsrechts des Vorgesetzten und der Weisungsgebundenheit des Mitarbeiters klar zwischen Führungs- und Ausführungsverantwortung zu unterscheiden. Wenn der Vorgesetzte an einen Mitarbeiter Aufgaben zur selbstständigen Erledigung mit entsprechenden Entscheidungskompetenzen delegiert, trägt er weiter die Verantwortung, auch für das Tun seines Mitarbeiters, dieser hat Mitverantwortung.
An dieser Situation ändert der jeweilig praktizierte Führungsstil nichts. Geht der Vorgesetzte autoritär vor, muss sein Mitarbeiter mit deutlicher Kritik rechnen.
Das kann geschehen, weil der Vorgesetzte

- gefürchtet werden will
- als fürsorglicher Patriarch auftritt
- eigene Unsicherheit durch seine Amtsautorität zu überspielen versucht.

Diese Vorgesetzten fürchten sich nicht vor Kritikgesprächen; denn die persönliche Reaktion des Mitarbeiters bewegt sie nicht besonders.
Statt des zu Unrecht völlig abgelehnten autoritären Führens – wie soll ein Vorgesetzter handeln, wenn der zu kritisierende Mitarbeiter gänzlich uneinsichtig ist? – gilt heute kooperatives Führen als sehr empfehlenswert. Dieser Führungsstil ist klar abzugrenzen
a) vom demokratischen Führen
und
b) dem „Laisser-faire-Vorgehen".
Der Begriff „demokratisches Führen" ist ein Widerspruch in sich. Entweder führt eine Person oder Entscheidungen entstehen durch Übereinstimmung. Diese Lösung kann es bei hierarchischen Strukturen nicht geben; denn der Vorgesetzte steht in der Pflicht zu kritisieren.
Die „Führungsstile" a) und b) sind genau genommen keine Führungsstile. Die zweite Lösung ist noch problematischer als die erste. Beide gehen häufig auf mangelnde Führungsfähigkeiten zurück, die „ideologisch" überspielt werden. Beim „demokratischen Führen" gehen Vorgesetzter und Mitarbeiter von einer nicht gegebenen gemeinsamen gleichrangigen Verantwortung aus. Das „Laisser-faire-Führen" heißt inhaltlich so viel wie „gleichgültiges" Handeln. Der Vorgesetzte steht nicht zu seiner Führungsaufgabe und der damit verbundenen Verantwortung. Häufig wird er als hervorragender Fachmann zwangsläufig zu der

4

Position gekommen sein, oder es war für ihn als ehrgeizigen Menschen die einzige Chance zum Aufstieg – schwerwiegende Fehler, die noch immer viele Geschäftsleitungen begehen. Der „Laisser-faire-Vorgesetzte" wird unangenehmen Aufgaben wie dem Kritikgespräch so lange ausweichen, wie es ihm möglich ist.

Die Ursache für das falsche Führungsverständnis sowohl beim autoritären als auch beim „demokratischen" oder „Laisser-faire-Führenden" ist ein teilweiser Mangel in der Persönlichkeitsstruktur. Ein wesentliches Auswahlkriterium für die Selektion von Führungsnachwuchskräften muss sein, dass der Kandidat ein angemessenes Selbstwertgefühl besitzt:

a)  Er ist sich seiner Stärken und Schwächen bewusst.
b)  Er versucht, systematisch Stärken auszubauen
c)  und Schwächen, die er ernst genug nimmt, zu verringern oder gänzlich zu beseitigen.
d)  Das eigene Selbstbild stimmt im Wesentlichen mit dem Fremdbild überein, dem Bild, das andere von ihm haben.

Er will deshalb nicht wie einige der autoritären Führungskräfte von seinen Mitarbeitern gefürchtet werden oder strebt nach Anerkennung und Liebe der ihm unterstellten Menschen nach dem Motto:
„Sie (= die Mitarbeiter) tun das, weil sie mich mögen."

Voraussetzung für kooperatives Führen ist ein angemessenes Selbstwertgefühl. Die Mitarbeiter akzeptieren die Überlegenheit ihres Vorgesetzten nicht aus institutionellen Gründen wie beim autoritären Vorgesetzten, auch nicht wegen seines fachlichen Könnens (= fachliche Autorität), sondern weil er persönliche Autorität besitzt. Ein solcher Vorgesetzter sieht als mögliche Folge eines Kritikgesprächs nicht eine Belastung der persönlichen Beziehung zum Mitarbeiter. Seine persönliche Autorität kann darunter nicht leiden, zumal er von seiner Grundeinstellung her nicht Überlegenheit demonstrieren will, auch nicht eine Sanktion verhängen, sondern den Mitarbeiter wirkungsvoll bei seiner Arbeit zu unterstützen sucht.

5

## 1.2 Verschlechtertes Betriebsklima

### 1) *Arbeits- oder Betriebsklima*

Ich halte die Unterscheidung zwischen diesen beiden Begriffen für sehr wichtig, nicht für eine sprachliche Spitzfindigkeit. Die Kooperation im Betrieb gilt dem alleinigen Ziel, die zu erfüllenden Arbeiten qualitativ und funktionsgerecht zu erledigen. Das wird nur gelingen, wenn ein gutes menschliches Klima zwischen Vorgesetzten und Mitarbeitern herrscht.

Das Betriebsklima kann so gut sein, dass die Arbeit als der Grund für die Kooperation in den Hintergrund tritt. Beide verstehen sich hervorragend; Arbeit stört dabei, denn sie verlangt Anstrengung und kann auch zu Unstimmigkeiten führen, z. B. weil der Vorgesetzte als Führungskraft auftreten und in dieser Eigenschaft kritisieren muss.

Bei einem guten Arbeitsklima dagegen steht eindeutig die gemeinsam zu erfüllende Aufgabe im Vordergrund des Zusammenwirkens. Darauf konzentrieren beide ihre Kräfte: der Vorgesetzte aus seiner Leitungs-, der Mitarbeiter aus seiner Ausführungsverantwortung heraus.

### 2) *Gefahr der Verschlechterung des Betriebsklimas?*

Das gute zwischenmenschliche Verhältnis ist weitgehend unter Ausklammerung der betrieblichen Erfordernisse entstanden. Diese Tendenz kann durch gemeinsame Freizeitaktivitäten verstärkt worden sein, die der Betrieb selbst gefördert hat, z. B. sportliche Betätigung. In diesem Fall begegnen sich Vorgesetzter und Mitarbeiter auf völlig gleicher Ebene.

Vorteile solcher Begegnungen sind, dass
a) Vorgesetzter und Mitarbeiter ungezwungener miteinander umgehen,
b) sie sich in persönlicher Hinsicht besser kennenlernen und deshalb das private Umfeld mit seinen Einwirkungen auf das dienstliche Geschehen aus Vorgeschichte und Motiven des jeweils anderen genauer einschätzen können. Das ist wesentlich für das Tun und Verhalten im Betrieb.

Die Verbesserung des Betriebsklimas auf diese Weise erfasst aber nicht Vorgesetzte, die zu ihren Mitarbeitern klare Distanz halten, weil sie autoritär führen. Teilweise interessieren sie sich nicht für die Menschen, die sie führen, weil diese keine Partner für sie sind. Außerdem fürchten sie, bei privaten Kontakten an „Autorität" zu verlieren, wenn sie z. B. bei Wettbewerben zu wenig erfolgreich abschneiden oder menschliche Schwächen eklatant werden.

Andere Vorgesetzte und Mitarbeiter übersehen, dass ein gutes Betriebsklima nichts an den dienstlichen Gegebenheiten ändert:

Der eine ist dem anderen überstellt, der Vorgesetzte weisungsberechtigt, der Mitarbeiter seinen Entscheidungen gegenüber weisungsgebunden. Es kann ein herbes Erwachen für beide geben, wenn der Vorgesetzte seinen „Duz-Mitarbeiter" deutlich zu kritisieren hat. Der hat bisher nicht damit gerechnet, weil sie sich doch so gut verstehen. Die persönliche Beziehung kann sich deshalb verschlechtern, je nach Empfindlichkeit des Mitarbeiters sogar daran zerbrechen.

### 3) *Das Fortbestehen des guten Arbeitsklimas*

In diesem Fall ist die gemeinsam zu bewältigende Aufgabe Grundlage der guten persönlichen Beziehung:

a) Beide vertreten identische oder zumindest sehr ähnliche Standpunkte zur Tätigkeitserfüllung.

b) Sie akzeptieren sich gegenseitig als Spezialisten.

c) Sie wissen, dass sie aufeinander angewiesen sind, wenn sie erfolgreich sein wollen.

Aus diesem Grunde ist auch eine Kritik von unten nach oben, vom Mitarbeiter zum Vorgesetzten, selbstverständlich; denn entscheidender als die hierarchische Strukturierung ist, ein optimales Ergebnis bei der gemeinsamen Arbeit zu erzielen. Kritik ist auf jeden Fall sachlicher Art, niemals verletzend, mit dem Tenor: „Wie können wir erfolgreicher werden?"

## 1.3 Frustration, Demotivation, innere Kündigung

### 1) *Begriffsklärung*

#### a) Frustration

Die Psychologen übersetzen den Fachausdruck mit „Erwartungsenttäuschung". Der Vorgesetzte kann frustriert sein, weil sein Mitarbeiter nicht die Leistung bringt, mit der er fest gerechnet hat. Die Frustration kann besonders tief gehend sein, wenn der Vorgesetzte sich seinen Mitarbeiter selbst ausgesucht und ihn bisher nachhaltig gefördert hat.

Der Mitarbeiter kann durch das Kritikgespräch seines Vorgesetzten frustriert sein, auch wenn dieser keine sachlichen oder/und psychologischen Fehler dabei begangen hat. Er hat nicht mit einer derartigen Kritik gerechnet.

#### b) Demotivation

Dieses Phänomen ist oft eine unmittelbare Folge von Frustration. Eine bestehende Motivation nimmt an Gewicht ab, kann sogar gänzlich verschwinden. Im Extremfall kommt es zur inneren Kündigung.

Motive sind unmittelbare Beweggründe für ein Handeln, wobei für den Vorgesetzten bedeutsam ist, welche Rangordnung unter den Motiven des Mitarbeiters besteht:

Welches von zwei Motiven ist im Vergleich miteinander das für den Mitarbeiter Wichtigere?

## c) **Innere Kündigung**

Das Wort darf nicht leichtfertig verwandt werden. Innere Kündigung ist ein bedeutend schwerwiegenderes Problem als starke Demotivierung. Der Mitarbeiter ist mit dem Betrieb „fertig", er hat mit ihm „abgeschlossen". Bei der echten Kündigung verlässt der Mitarbeiter seinen bisherigen Arbeitgeber, bei der inneren dagegen bleibt er zwar dort beschäftigt, aber mit einem Minimum an Einsatz. Er kann nicht wirklich kündigen, obwohl er es gerne will. Was im Betrieb positiv geschieht, bewegt ihn nicht mehr, ebenso wenig Probleme und Krisen, es sei denn, sie gefährdeten seine Arbeitsstelle. Für Gespräche im Betrieb, auch mit den unmittelbaren Vorgesetzten, ist er nicht mehr zugänglich. Er hat sich ihnen gegenüber völlig verschlossen.

## 2) *Frustration als Gefahr?*

Je weniger der Vorgesetzte seinen Mitarbeiter kennt, desto schwerer muss es ihm fallen, abzuschätzen, wie tief Kritik ihn treffen wird. Bei den massiven Bestrebungen, Hierarchieebenen abzubauen, wird oft übersehen, dass die Führungsspanne zwischen dem Vorgesetzten und seinen Mitarbeitern eine gewisse Größe nicht überschreiten darf. In der Regel sind das zwölf unmittelbar unterstellte Personen. Wird diese Führungsspanne überschritten,

- finden zu wenig Gespräche statt
- erlebt die Führungskraft den einzelnen Mitarbeiter zu selten
- kennt der Vorgesetzte bei notwendiger Kritik die Motive des Mitarbeiters zu wenig
- auch nicht die privaten Rahmenbedingungen
- seine Situation in der Arbeitsgruppe
- nicht allgemein die Hoffnungen, die ihn bewegen
- und damit auch nicht konkret, was er von ihm als Vorgesetzten erwartet.

Deshalb kann auch ein wohlwollend gemeintes Kritikgespräch zu Frustration beim Mitarbeiter führen. Wie vermag der Vorgesetzte dieses Ergebnis zu verhindern?

Er klärt zunächst, wie der Mitarbeiter sein zu kritisierendes Verhalten selbst sieht.

a) Steht der Mitarbeiter seinem eigenen Tun kritisch gegenüber, wird das Gespräch des Vorgesetzten ihn nicht überraschen.

b) Überschätzt der Mitarbeiter sich aber, muss er mit Frustration rechnen, also hat der Vorgesetzte zu prüfen, worin die Ursachen für diese und andere Selbstüberschätzungen liegen.

*Beispiel:*
Vorgesetzte und Kollegen haben bisher wegen schroffer gegenseitiger Reaktion davor zurückgeschreckt, die Wahrheit zu sagen.
Der Vorgesetzte muss
- besonders stichhaltiges Beweismaterial besitzen, weil er sich heftigem Widerstand des Mitarbeiters gegenüber sehen wird
- seine Kritik vorsichtiger abfassen, als er es eigentlich tun würde, aber sie muss dennoch deutlich genug bleiben
- insgesamt die Leistung des Betroffenen positiv sehen.

### 3) *Demotivation als Gefahr?*

*Die notwendigen Vorfragen*
- Was habe ich bisher persönlich an Motiven festgestellt?
- Was weiß ich aus konkreten Fakten, nicht Annahmen, Vermutungen, Unterstellungen durch Dritte?
- Wie stark ist generell die Motivation?
- Wie stabil ist sie ausgeprägt?
- Wie zeigt sich Demotivation bereits im Gesprächsverlauf oder später?

*Anzeichen im Gespräch selbst*
- deutlich ausgesprochene Enttäuschung
- mit dem Vorwurf der ungerechten Behandlungsweise
- Ankündigung des voraussichtlichen oder sogar sicheren Motivationsverlustes
- die Unterstellung, dass der Vorgesetzte ihn zu Unrecht für zu wenig oder nicht motiviert hält
- mit der Drohung, sich demnächst entsprechend dieser negativen Annahme so zu verhalten.

*Anzeichen nach dem Gespräch*
- Es kommt zu keiner Verbesserung des kritisierten Zustandes, auch nicht zu Bestrebungen dazu.
- Verbale Äußerungen des Mitarbeiters gegenüber Dritten, auch vielleicht beim Vorgesetzten selbst,
- aber ebenso Indizien aus Signalen der Körpersprache wie Mimik, Blickkontakt und Gestik weisen auf Demotivation hin.

Der Vorgesetzte muss sein Gegenüber in allen Äußerungen sehr sorgsam beobachten, also konsequent Blickkontakt halten, besonders bei wahrscheinlich kritischen Gesprächssituationen, in denen manche Führungskräfte dazu neigen wegzusehen.

Er sollte die Problematik direkt von sich aus ansprechen:
Was genau veranlasst den Mitarbeiter *jetzt* zur Demotivation? Stellt der Vorgesetzte dies fest, darf er nicht als sofortige Reaktion die Kritik verharmlosen, so dass sie wirkungslos bleiben wird. Er sollte sich geduldig als guter passiver und aktiver Zuhörer mit den Gründen der Demotivation auseinander setzen und Missverständnisse bereinigen. Aber eine schlechte Leistung bleibt weiterhin kritikbedürftig.

## 4) *Innere Kündigung*

Eine innere Kündigung kann auf keinen Fall durch ein einziges Kritikgespräch ausgelöst werden. Es muss vieles und nach Meinung des Mitarbeiters Schwerwiegendes vorausgegangen sein. Wesentliche Ursachen für innere Kündigungen sind wiederholt nicht eingehaltene Versprechungen von Seiten des Arbeitgebers. Bestimmte Mitarbeiter sind dann so grundlegend frustriert, dass sie dem Betrieb „aus Rache" schaden wollen:
Sie erbringen nicht mehr wie bisher ihre eigentliche Leistung, sondern nur so viel, wie sie unbedingt tun müssen, damit ihr Verhalten nicht geahndet werden kann.
Der Vorgesetzte muss keine Furcht vor einem Kritikgespräch haben, weil er den bestehenden schlimmen Zustand ohnehin nicht verschärfen kann. Er sollte es sogar besonders deutlich führen, damit er diesen Mitarbeiter überhaupt noch erreicht.

## 1.4 Negative Auswirkungen der Furcht des Vorgesetzten

### 1) *Das Unterbleiben des notwendigen Kritikgesprächs*
Besonders ängstliche Vorgesetzte versuchen, den Fehler ihres Mitarbeiters selbst zu bereinigen. Da dieser den Mangel nicht erkannt hat, wird er in Zukunft wieder auftreten, es sei denn, er stellt fest, dass der Chef ihn beseitigt hat.

### 2) *Zu später Zeitpunkt*
Der Vorgesetzte hat das unangenehme Gespräch immer wieder vor sich hergeschoben. Damit wird der zeitliche Abstand zwischen Fehlverhalten und Kritik immer größer, ggf. kann der Mitarbeiter sich kaum mehr an das Vorgefallene erinnern. Außerdem hält er eine so späte Kritik für unnötig.
Es kann auch sein, dass eine dritte Stelle, die den Fehler erkannt hat oder von ihm negativ betroffen wurde, inzwischen selbst gegenüber dem säumigen Vorgesetzten oder sogar dem Mitarbeiter direkt gehandelt hat.

## 3) *Zu weiche Kritik*

Bei seinem Kritikgespräch hat der Vorgesetzte massive Hemmungen, den erkannten Mangel deutlich genug anzusprechen und die sofortige Abstellung zu verlangen. Das kann beim Mitarbeiter zu diesen falschen Reaktionen führen:
a) Er hält den eigenen Fehler für unbedeutend,
b) die Kritik für eine Pflichtübung des Vorgesetzten ohne stärkeres Engagement und
c) lässt es beim bisherigen falschen Tun bewenden.

### Zu a)

Die notwendige Selbsterforschung unterbleibt. Der Mitarbeiter ändert zwar sein Tun im Sinne des Vorgesetzten, aber ohne weiter darüber nachzudenken, um eine entsprechende Kritik in Zukunft zu vermeiden, also aus rein persönlichen, nicht aber sachlichen Gründen.

### Zu b)

Der Vorgesetzte verliert klar an Glaubwürdigkeit bei seinem Mitarbeiter; denn er hat ein Gespräch geführt, von dessen Notwendigkeit er nicht überzeugt war, nur, weil er dies tun musste.

Teilweise wird der Standpunkt vertreten, Vorgesetzte sollten ihre Kritikgespräche „emotionslos" führen. Nur bestimmte, schwer erkrankte Menschen können sich so verhalten; alle gesunden aber zeigen stets Emotionen. In Wirklichkeit wollen die Verfechter des „emotionslosen" Kritikgesprächs nur, dass z. B. verärgerte Vorgesetzte in ihrer Begegnung mit dem Mitarbeiter sich nicht zu stark von negativen Emotionen bestimmen lassen.

Der Vorgesetzte muss seinem Mitarbeiter verdeutlichen, dass er es mit seiner Kritik ernst meint, also entsprechend engagiert auftreten. Weshalb soll sonst der Mitarbeiter sein bisheriges Verhalten ändern?

### Zu c)

Es wird selten der Fall sein, dass ein Mitarbeiter bewusst Fehler begeht, also eine Art von Sabotage verübt. Er war davon überzeugt, richtig gehandelt zu haben. Wenn der Vorgesetzte dieses Vorgehen jetzt als falsch beurteilt und geändert haben will, muss beim Mitarbeiter ein Umdenkprozess eintreten. Das beansprucht in der Regel Zeit, umso mehr, je stärker der Mitarbeiter von der Richtigkeit seines Tuns überzeugt war und je länger er so gehandelt hat. Vorgesetzte müssen deshalb eine gesunde Skepsis an den Tag legen, wenn ihr Mitarbeiter sofort alles einsieht. Weshalb hat er dann nicht längst schon so gehandelt?

## 1.5 Unsicherheit über den richtigen Weg

Es gibt mehrere Überlegungen, die der Vorgesetzte anstellen muss, bevor er sicher in das Kritikgespräch gehen kann:
1) Ist der Sachverhalt ausreichend geklärt?
2) Handelt es sich beim Mitarbeiter um den einzigen Verursacher?
3) Hat nicht der Vorgesetzte selbst zum Fehlverhalten mit beigetragen?
4) Konnte der Mitarbeiter seinen Fehler erkennen?
5) Ist ein Kritikgespräch überhaupt erforderlich oder soll der Vorgesetzte den Fall auf sich beruhen lassen?

Zu 1)
Nicht umsonst heißt es bei der Bundeswehr, dass ein Vorgesetzter vor einer Kritik eine Nacht schlafen soll. Spontanes Vorgehen ist in der Regel ein schlechter Ratgeber, weil dabei auch wichtige Aspekte übersehen werden können. Ärger oder andere negative Emotionen hindern den Vorgesetzten daran, seine Kritik ganz auf Fakten aufzubauen und diese klar von Wertungen zu unterscheiden. Sein Gespräch muss sich auf sorgfältig recherchierte Gegebenheiten konzentrieren. Vorher darf der Vorgesetzte auf keinen Fall handeln.
Die sorgfältige Prüfung darf sich nicht auf das Ereignis selbst beschränken. Sie muss auch alle unmittelbaren Auswirkungen betreffen. Mittelbare Konsequenzen sollte der Kritisierende nicht in das Gespräch mit aufnehmen, da der Kausalitätsnachweis immer schwieriger wird.
Der Vorgesetzte muss sich absichern, ob seine Gewährsleute dann noch zu ihren Aussagen stehen, wenn sie die negativen Folgen erkennen. Werden sie diese ggf. gegenüber dem Mitarbeiter wiederholen oder schriftlich abfassen?

Zu 2)
Aus der Sachverhaltsklärung muss eindeutig hervorgehen, ob der Mitarbeiter der einzige Verantwortliche ist oder auch andere am Fehler mitgewirkt haben. Kann es zu einer unglücklichen Verkettung verschiedener Umstände gekommen sein, was Verschulden mindert oder sogar gänzlich ausschließt?
Wie ist das Verhalten des Mitarbeiters zu bewerten?
a) Hat er vorsätzlich gehandelt?
   - Hat er den Misserfolg klar angestrebt
   oder
   - den Fehler kommen sehen und nichts dagegen unternommen?
b) Ging der Mitarbeiter grob fahrlässig vor?
   - Hat er nicht so sorgfältig gehandelt, wie er es nach seinem Können hätte tun müssen?
   oder
   - Hoffte er auf das Nichteintreten des Fehlers?
c) War sein Fehlverhalten nur fahrlässig?

Der Vorgesetzte kommt beim Kritikgespräch in eine peinliche Situation, wenn der Mitarbeiter ihm nachweisen kann, dass er bei der Schuldfrage selbst grob fahrlässig vorgegangen ist. Dann kann sich die Kritik umdrehen und er plötzlich selbst der „Angeklagte" sein.

## Zu 3)

Nicht selten kommt es zu Fehlern, weil zwischen Vorgesetztem und Mitarbeiter Missverständnisse bei der Kommunikation aufgetreten sind; besonders häufig, wenn z B. Dienstanweisungen nur mündlich erfolgen. Zu Recht oder auch nur als Verteidigungsstrategie wird der Mitarbeiter das behaupten. Was will der Vorgesetzte dagegen erfolgreich unternehmen, wenn es keine weiteren Zeugen gibt? In diesem Fall steht Aussage gegen Aussage.

## Zu 4)

Als Nichtbeteiligter und im Nachhinein kann der Vorgesetzte leicht behaupten, dass sein Mitarbeiter den begangenen Fehler hätte erkennen müssen. Er wird ihm nur gerecht werden, wenn er um alle Rahmenbedingungen weiß und sich in die jeweilige Situation stark genug hineinversetzt. Wesentlich für eine abgewogene Bewertung des Geschehens ist außerdem,
a) wie stark der subjektive (!) Stress des Mitarbeiters war, also nicht, ob und wieweit er als Vorgesetzter oder andere Menschen Stress empfunden hätten
b) ob der Mitarbeiter erstmalig vor dieser Anforderung stand oder bereits Erfahrung gesammelt hatte, die er hätte nutzen können
c) wieweit der Mitarbeiter von seinem erworbenen Wissen her die Situation hätte meistern müssen.

## Zu 5)

Es gibt zwei Grundarten des Kritikgesprächs:
a) Der Mitarbeiter hat schuldhaft gehandelt
oder
b) er hat einen Fehler begangen, den er nicht vermeiden konnte.
Der erste Fall muss den Vorgesetzten zur Kritik veranlassen und zum ernsthaften Bemühen, eine Änderung in der Haltung des Mitarbeiters hervorzurufen. Der zweite führt zu einem reinen Sachgespräch:
• Wie kann der Mitarbeiter in Zukunft das Problem bewältigen?
• Was müsste er an zusätzlichem Sachwissen besitzen?
• Wie kann er dieses möglichst schnell und ausreichend genug erwerben?
• Wie weit soll der Vorgesetzte ihn dabei unterstützen?
• Lässt sich die problematische Situation gänzlich vermeiden, zumindest aber entschärfen?

Schließlich muss der Vorgesetzte gewissenhaft überlegen, ob der Anlass überhaupt zu einem Kritikgespräch berechtigt oder vom Mitarbeiter dieses Vorgehen als kleinlich empfunden wird. Die Entscheidung ist davon abhängig, zu welchen negativen Auswirkungen der Fehler hätte führen können bzw. welche er ausgelöst hat. Es darf beim Mitarbeiter nicht der Eindruck entstehen, dass

a) sein Vorgesetzter jeden Kritikpunkt nutzt
b) er zwar kaum lobt, auch wenn dies von der Leistung her geboten wäre, aber den mildesten Fehler kritisiert
c) er ihn strenger als andere behandelt, also der Betroffene meint, der Vorgesetzte habe etwas gegen ihn.

### 1.6 Ausreichende eigene Standfestigkeit?

Mangelnde Standfestigkeit kann zurückgehen auf:
1) eine sachlich schwache Stellung des Vorgesetzten
oder/und
2) eine eigene schwache Persönlichkeit im Gespräch mit einem Mitarbeiter von starkem Charakter.

Zu 1)
*Verhinderung einer schwachen sachlichen Stellung*
Der Vorgesetzte müsste für sein Kritikgespräch die jeweils passende realistische Strategie und Taktik entwickeln.
Strategie bedeutet, dass der Vorgesetzte den Plan zur Erreichung seines Ziels entwirft und die Bedingungen dafür analysiert.
Die Taktik umfasst die Maßnahmen zur Verwirklichung der Strategie.
Realistisch ist die Vorbereitung des Vorgesetzten nur, wenn er sowohl bei der Festlegung der Strategie als auch der Taktik möglichst genau überlegt, wie die Gegenseite, also *dieser* Mitarbeiter, in *dieser* Situation reagieren wird. Daraus ergibt sich das Maximal- und das Minimalziel des Kritikgesprächs.
Das Minimalziel ist das wirkliche Einsehen des Mitarbeiters in seine Fehler oder zumindest der erkennbare Prozess dazu.
Maximalziel wäre, dass der Mitarbeiter einsieht und
- klar weiß, wie er in Zukunft zu handeln
  und ggf.
- mit welchen Sanktionen des Vorgesetzten er sonst zu rechnen hat.
  Wenn der Vorgesetzte die passive Kritikfähigkeit seines Mitarbeiters von früheren Anlässen her kennt, wird er ziemlich genau wissen, wie weit er im Kritikgespräch kommen wird, sonst muss er flexibel (= situationsgerecht) seine Strategie ändern.

Wie will der Vorgesetzte in sachlicher Hinsicht argumentieren?
- Welche Argumente wird der Mitarbeiter zu seiner Verteidigung wahrscheinlich vorbringen?
- Wie soll sich der Vorgesetzte ihnen gegenüber verhalten?
  Sie vorwegnehmen?
  Ins Leere laufen lassen?
  Mit welchen eigenen Argumenten widerlegen?

Es kommt dabei nicht auf ihr Gewicht allgemein an, sondern jeweils bezogen auf den betroffenen Mitarbeiter.

Die Argumentenfolge muss so aussehen:
Zunächst verwendet der Vorgesetzte ein mittelstarkes Beweismittel; dann folgt das schwächste; die Kette endet mit dem stärksten.

Weshalb diese Vorgehensweise?
- Beginnt der Vorgesetzte mit dem schwächsten Argument, kann er keine starke Stellung aufbauen.
- Eröffnet er das Kritikgespräch dagegen mit dem stärksten, hat er sein Pulver bereits verschossen.
- Das schwächste Beweismittel steht in der Mitte der Kette, so dass der Mitarbeiter fälschlicherweise annimmt, die Kunst des Vorgesetzten sei zu Ende.
- Der Vorgesetzte muss mit dem stärksten (= nachhaltigsten) enden, während das schwächste am Schluss die Argumentationskraft bedeutend verringern würde.

Je gründlicher der Vorgesetzte sein Kritikgespräch vorbereitet, je mehr Eventualitäten er einkalkuliert, desto sicherer wird er auftreten, da er alles gewissenhaft geplant hat und deshalb damit rechnen kann, dass sein Mitarbeiter ihn nicht überrascht. Der Vorgesetzte darf nur in einer Ausnahmesituation, die sofortige Kritik erfordert, spontan handeln. Alle anderen Kritikgespräche sollte der Vorgesetzte vorbereiten, auch gegenüber Auszubildenden oder Hilfskräften.

## Zu 2)
### Mangelnde persönliche Standfestigkeit
Zwar verleiht eine gründliche Vorbereitung mehr Sicherheit, aber sie kann nicht einem labilen Vorgesetzten die Standfestigkeit geben, die dieser benötigt, um erfolgreich sein Kritikgespräch zu führen, vor allem, wenn er auf heftigen Widerstand trifft.

Standfestigkeit ist in erster Linie eine Persönlichkeitsfrage. Entweder hat ein Mensch sie oder sie fehlt ihm. Charakterlich zu wenig stabile Führungskräfte sind falsch ausgewählt. Wie kann sich aber ein Vorgesetzter retten, der eigentlich zu wenig Durchsetzungsvermögen besitzt?

a) Er muss sich stets bewusst sein, dass er letztlich eine vom Mitarbeiter zu befolgende Anweisung erteilen kann.

b) Vom Beginn an, und das gesamte Gespräch hindurch, muss er die Führung innehaben. Das wird ihm nur gelingen, wenn er konsequent die W-Fragetechnik anwendet, d. h. offene Fragen stellt, die mit einem W-Fragewort beginnen. Deshalb heißt ein Leitsatz:
„Wer fragt, der führt!"

c) Stellt der Mitarbeiter eine Frage, nachdem er zunächst die seines Vorgesetzten beantwortet hat – denn auf eine Gegenfrage braucht er nicht eingehen –, sollte er mit einer eigenen erneuten Frage seinen Beitrag schließen.

d) Versuche des Mitarbeiters, eine Gegenoffensive zu eröffnen oder auf „Nebenkriegsschauplätze" auszuweichen, sollte der Vorgesetzte konsequent abblocken.

e) Es muss zu klaren Zwischen- und Endergebnissen kommen, also feststehen, was der Mitarbeiter demnächst wie zu erledigen hat. Das positivste Resultat ist eine Zielvereinbarung, das schlechteste, weil autoritärste, eine Zielvorgabe. Um künftig Missverständnisse zu vermeiden, sollte der Vorgesetzte zumindest bei Mitarbeitern, die dazu neigen, keine Fehler einzugestehen oder die Schuld für ein Versagen bei anderen zu suchen, mit einer schriftlichen, von beiden Beteiligten unterzeichneten Vorgabe arbeiten.

f) Der Vorgesetzte soll durch ein Verhaltenstraining oder/und genaue Selbstbeobachtung wissen, woran ein aufmerksamer Gesprächspartner Unsicherheiten bei Sprache, Sprechweise und Körpersprache erkennen kann. So vermag er die zu geringe persönliche Standfestigkeit zumindest so weit zu überspielen, dass er auch bei Verunsicherungstechniken des Mitarbeiters im Kritikgespräch nicht einbricht.

# 2.  Ablehnung von Kritik durch die zu Kritisierenden

## 2.1  Unklarheiten über Ziele, Wege, Methoden, Hilfsmittel

1) *Unklarheiten über Ziele*
Aus dem Ziel leiten sich die Aufgaben ab, daraus die benötigten Entscheidungskompetenzen und als deren unangenehme Folge die Verantwortung.
Häufig kennen aber die Beteiligten nicht das Warum ihres Tuns, sondern sie arbeiten vor sich hin. Oft haben sie ihre Aufgaben ohne weitere Begründung von ihrem Vorgänger übernommen. In manchen Betrieben gibt es zwar Ziele, aber
a)  sie sind viel zu vage abgefasst,
    als dass sich daraus konkrete Hinweise für die Aufgabenerfüllung ergeben
b)  sie enthalten so hohe Anforderungen,
    dass jeder, der die Situation kennt, sie für völlig überzogen hält und deshalb unbeachtet lässt.

Wir nehmen ein Beispiel aus dem Sozialhilfebereich:
Es geht um die Bearbeitung von Anträgen Sozialhilfeberechtigter.
*1. Zielsetzung:*
Rasche und ordnungsgemäße Bearbeitung des Antrags
*2. Zielsetzung:*
Anleitung von Sozialhilfeberechtigten zur Selbsthilfe, so dass schließlich keine staatlichen Mittel mehr erforderlich sind.
Die zweite Art der Aufgabenerfüllung erfordert mehr Zeitaufwand des Sachbearbeiters für Überzeugungsgespräche und die schrittweise Weiterentwicklung des Sozialhilfeberechtigten.

Ein weiteres Beispiel aus dem Personalbereich:
Ein Kollege stellt einen Antrag auf die an sich berechtigte Erstattung von getätigten Ausgaben ungeschickt.
*1. Zielsetzung:*
Der Personalsachbearbeiter lehnt ihn begründet ab.
*2. Zielsetzung:*
Der Personalsachbearbeiter bittet den Kollegen zum Gespräch, um mit ihm gemeinsam den Antrag so zu formulieren, dass er ihm stattgeben kann.
In allen vier Fällen ist es zu keinem Sachfehler gekommen; denn die Sachbearbeiter können bei ihrem Tun so oder anders handeln. Entscheidend ist allein die Zielsetzung, die sie verfolgen sollen. Darüber muss zwischen dem Vorgesetzten und seinem Mitarbeiter Klarheit herrschen.

## 2) *Unklarheiten über Wege zur Zielerreichung*

Bleiben wir weiter bei unseren beiden Beispielen. Der Sachbearbeiter „Sozialhilfe" und der Personalsachbearbeiter können die zu bearbeitenden Anträge schriftlich erledigen, was sicher der zeitsparendste Weg ist. Spielt also die Schnelligkeit der Erledigung die wichtigste Rolle, müssen beide in möglichst kurzer Zeit viele Anträge abschließen, ist der schriftliche Weg die beste Form der Aufgabenerfüllung; denn eine mündliche negative Auskunft, z. B. beim Erstattungsfall würde nicht ausreichen. Die geforderte Qualität und Quantität ist gegeben.

Dennoch ist dieses Handeln kurzfristig gedacht, denn

a) der Sozialhilfeberechtigte benötigt weiterhin staatliche Unterstützung und damit Geldmittel des Steuerzahlers, die für andere Zwecke eingesetzt werden könnten

b) der Kollege erfährt früher oder später, dass ihm die geforderten Mittel eigentlich zugestanden hätten, kurzfristig spart der Arbeitgeber Geld, welches ihm nicht zusteht, langfristig kommt es zu einer Verschlechterung des Betriebsklimas, weil der Kollege sich betrogen fühlt und seinen Ärger anderen mitteilen wird.

## 3) *Unklarheiten über Methoden*

Beide Sachbearbeiter können ihre Antragsbearbeitung und ihre damit verbundenen Entscheidungen mit Gesetz und Rechtsprechung absichern. Entsprechende Zitate, oft routinemäßig verwendet, lassen sich schnell im Text unterbringen. Statt dieser autoritären Methode können sich die Bearbeiter auch für die kooperative entscheiden.

Sie versuchen, ihre Partner – das sind sie sonst nicht, sondern nur Antragsteller (= Bittsteller) – davon zu überzeugen, welchen Zweck Gesetzgeber und Rechtsprechung bei ihrem Vorgehen verfolgen. Das sollten sie bei einer positiven, erst recht aber bei einer ablehnenden Entscheidung stets tun. Dabei müssen die Sachbearbeiter sicher im Stoff sein und pädagogisch vorgehen: Verständlich werden ihre Ausführungen nur sein, wenn sie die Inhalte mit eigenen Worten wiedergeben. Was will der Vorgesetzte?

## 4) *Unklarheiten über Hilfsmittel*

Die Sachbearbeiter lassen es bei ihrer Antwort bewenden. Sie können aber dem Antragsteller auch zusätzliche Informationen geben, z. B.

- Hinweise auf weitere Möglichkeiten der Kostenerstattung
- Erläuterungen zu Formularblättern
- das Anbieten einer Beratung.

Die Bearbeitung bleibt exakt, auch wenn sie nichts dergleichen tun.

## 2.2 Zu frühe und häufige Kritik

1) Zu früh kritisieren Vorgesetzte, die sich sehr stark von ihren Emotionen steuern lassen. Sie sehen mit einem kurzen Blick, dass eine Aufgabe nicht so erfüllt worden ist, wie sie es sich vorgestellt haben und kritisieren sofort. Auch die Schärfe der Kritik entspricht häufig nicht der Bedeutung des Fehlers. Noch einmal gesteigert tritt sie bei Cholerikern auf, die bei Fehlern explodieren, bei deren Vorkommen ein Vorgesetzter üblicherweise gelassen reagiert, also für den Mitarbeiter völlig überraschend.

Unüberlegt erfolgt Kritik auch durch Vorgesetzte, die eine niedrigere Frustrationsschwelle haben, weil sie

a) sich in einer generell unzufriedenen Lage befinden, betrieblich und/oder in ihrem privaten Umfeld
b) unter starkem psychischen Stress stehen
c) den betroffenen Mitarbeiter nicht mögen und deshalb jeden seiner Fehler zur sofortigen und heftigen Kritik nutzen.

### Zu a)

Es gibt Menschen – also auch Vorgesetzte –, die zu Recht oder Unrecht vom Leben enttäuscht sind und daher ständig alles negativ empfinden. Der jetzige Fehler des Mitarbeiters bildet in diesem breiten Feld der Unzufriedenheit nur einen Punkt. Diese Menschen sind nicht bereit oder fähig, ihre Vorstellungen vom Leben ausreichend stark denen der Wirklichkeit anzupassen. Im Laufe des Lebens kann sich die Schere zwischen Soll und Ist noch weiter öffnen. Mit dieser Lebenseinstellung verbunden ist häufig starker Pessimismus. Menschen dieser Art übertreiben auch die Sicherheit des Eintretens und die negative Schwere der Auswirkung des Fehlers.

### Zu b)

Neben Sachfehlern, oft Folgen unzureichender Konzentration, gefährdet Stress das menschliche Zusammenleben und -wirken. Der Vorgesetzte in unserem Fall befindet sich unter hoher Anspannung, da er spürt oder erkennt, dass die Situation ihn überfordert. Daraus entsteht leicht Aggression, also der persönliche Angriff auf z. B. den Mitarbeiter, der einen Fehler begangen und so die kritische Lage seines Vorgesetzten noch zusätzlich verschärft hat.

Wirklich gerecht wird niemand von uns Vorgesetzten sein; denn wir werden zu jedem Mitarbeiter eine unterschiedliche Nähe und Ferne haben! Das Wesen des einen Mitarbeiters liegt uns, weil es unserem Verhalten besonders ähnlich ist, das des anderen erscheint uns oft unverständlich, unserem Denken und Handeln entgegengesetzt. Im Extremfall stört bereits die bloße Existenz im eigenen Betrieb. In allen aufgeführten Situationen wird sich der betroffene Mitarbeiter wehren, weil er sich ungerecht behandelt fühlt. Es geht in diesem Fall nicht um fehlende sachliche Richtigkeit der Kritik, sondern im Zentrum um die zwischenmenschliche Spannung.

Cholerisches Verhalten ist kein Naturereignis, nicht angeboren, sondern es handelt sich um bereits in der Kindheit erlernte negative Verhaltensmuster. Der Vorgesetzte kann erfolgreich gegen sie vorgehen; es handelt sich jedoch um einen lebenslangen Prozess. Die betroffene Person wird niemals Nichtcholeriker sein. Sie kann durch genaue Selbstbeobachtung erkennen, ob sie kurz vor einer Explosion steht, und muss versuchen, der gefährlichen Situation auszuweichen. Wer spontan zu handeln gewohnt ist, muss sich als Vorgesetzter zwingen, Ruhe zu bewahren und vor einem Handeln zumindest kurz das gesamte Pro und Contra, in unserem Fall der Kritik, abzuwägen. Schafft er diese Überlegungen nicht vor der Kritik, wird er bei der Bewältigung von Sachaufgaben ebenso erfolglos bleiben. Spontanität ist grundsätzlich im zwischenmenschlichen und sachlichen Bereich eine positive Eigenschaft, aber je komplizierter Sachverhalte sind, desto eher werden wesentliche Aspekte für ein Tun übersehen und das Handeln kann nicht voll situationsgerecht sein.

Die pessimistische und unzufriedene Grundhaltung im Leben ist eine Einstellung, die sich nur schwer und langfristig ändern lässt. Oft geschieht dies über Mitmenschen, die eine bedeutend positivere Einstellung zum Leben haben, ohne dabei naiv zu handeln. Eine erfolgreiche Einflussnahme auf den Pessimisten ist aber nur möglich, wenn dieser häufig mit ihnen zu tun hat.

Nicht selten zieht sich der optimistische Realist vom griesgrämigen Pessimisten zurück, weil dessen Denken und Handeln ihn zu sehr beeinträchtigt, oder es kommt sogar aus diesem Grunde zu keiner wirklichen Begegnung.

Der Unzufriedene kann jedoch auch über sich selbst bei kritischer Analyse zu einer Verbesserung seiner Gesamtsituation kommen. Sind z. B. die negativen Auswirkungen eines Mitarbeiterfehlers so schwerwiegend wie dies im ersten Augenblick der Fall zu sein schien? Häufig nicht!

Psychischen Stress schaffen sich viele Vorgesetzte selbst. Sie lassen sich vor allem klar überfordern oder stecken sich Ziele, die sie nicht erreichen können, weil sie das Optimum erstreben. In diese Selbstüberforderung beziehen sie ihre Mitarbeiter ein, weil diese Beiträge zum Gesamtergebnis liefern sollen, mit denen sie ebenso oder sogar noch mehr überfordert werden. Der eigene Stress überträgt sich nicht selten auf die engsten Mitarbeiter, die Sachfehler begehen, die ihnen sonst nicht unterlaufen würden. Folglich nimmt der Stress des Vorgesetzten weiter zu.

Ein Ausweg aus diesem Teufelskreis kann nur darin bestehen,

- sich auf das Machbare zu beschränken,
  darüber hinausgehende, nicht erfüllbare Forderungen strikt abzulehnen,
  statt das Unmögliche mit aller Kraft zu versuchen
- alle Kräfte auf das Wesentliche zu konzentrieren,
  also die richtigen Prioritäten zu setzen
- so rationell wie möglich vorzugehen.

Zu c)
Einigen Vorgesetzten ist völlig klar, dass sie den Mitarbeiter durch rasches und hartes Kritisieren demoralisieren, den sie nicht mögen. Das kann bis zum Mobbing führen, in das sie andere mit einbeziehen. Mobbing ist hier verstanden als das systematische Bemühen, den Widerstandswillen eines Mitarbeiters massiv zu untergraben.

Glücklicherweise ist die Situation viel häufiger, dass der Vorgesetzte bestimmte Mitarbeiter bedeutend schneller als deren Kollegen kritisiert, ohne diesen Fehler selbst zu bemerken, zumindest nicht in der vollen Tragweite. Ein erfolgreiches Mittel dagegen:

Sie fragen andere Menschen durch Darstellung der Situation, ob sie ebenso gehandelt hätten. Das setzt aber ein Verhalten des Vorgesetzten bei der Auswahl der Gesprächspartner und der Art ihrer Befragung voraus, dass diese – ohne selbst kritisiert zu werden – ihre wahre Meinung äußern können.

Der zu kritisierende Mitarbeiter wird wegen der Spannungen zwischen ihm und seinem Vorgesetzten besonders sensibel reagieren; also muss der Vorgesetzte bei seiner Kritik besonders vorsichtig vorgehen, auf keinen Fall darf er sofort kritisieren. Er sollte noch sorgfältiger als sonst alle Umstände erwägen, die für den Mitarbeiter sprechen können.

## 2) *Zu häufige Kritik*

Zu häufige Kritik ist oft verbunden mit zu seltenem Lob. Der Vorgesetzte hat ein generell zu hohes Anforderungsprofil im Sinn, weshalb die Mitarbeiter in vielen Situationen nicht die geforderte Leistung erbringen können. Deshalb erübrigen sich anerkennende Worte. Wie kommt es zu der falschen Messlatte?

a) Der Vorgesetzte nimmt sich selbst, seinen Einsatz, sein Können und seine Leistung als Maßstab.
b) Die Zielvorgaben sind generell zu hoch.
c) Er benutzt häufig Kritik als Disziplinierungsmittel, um die eigene Macht zu demonstrieren.

## Zu a)

Solche Vorgesetzte sind oft hervorragende Fachleute, die nur aus diesem Grund in die Führungsfunktion gehoben worden sind. Mitarbeiter sind für sie nicht selten nur Störfaktoren, die durch Fragen, Nichtverstehen und Fehler den Vorgesetzten daran hindern, sich wie früher ganz auf seine Aufgabe zu konzentrieren und beste Arbeitsergebnisse zu erbringen. Die Übernahme der Führungsaufgabe war für diesen Spezialisten eine Notlösung, weil der Betrieb keine parallele Karrierelaufbahn für Fach- und für Führungskräfte kennt.

Die Kritikgespräche finden nicht nur zu häufig statt, sondern auch teilweise in gereizter Atmosphäre, weil der Vorgesetzte dadurch immer wieder in seinem eigenen Wirken gebremst wird.

## Zu b)

Es kann sich um allgemein zu hohe Zielvorgaben handeln, aber auch um spezielle des jeweiligen Vorgesetzten. Um diesen Missstand zu vermeiden, versuchen die Vorgesetzten heute in der Regel nicht, Ziele vorzugeben, sondern mit ihren Mitarbeitern Zielvereinbarungen zu erarbeiten. So werden nicht nur die Ziele realistischer, sondern die Motivation des Mitarbeiters zur Erfüllung ist bedeutend höher, weil er einbezogen wurde. Zielvorgaben sollen die Ausnahme sein, wenn der Mitarbeiter nicht bereit ist, zwar hohe, aber für ihn mit Anstrengung erreichbare Ziele zu akzeptieren.

Bei zu hohen Zielen, mit der entsprechend häufigen Kritik und dem verständlichen Fehlen von Anerkennung, sinkt die Motivation des Mitarbeiters immer mehr oder er entwickelt die Überlebenstechnik, die Kritik nicht mehr ernst zu nehmen, weil sich die geforderten Verbesserungen nicht erreichen lassen. In beiden Fällen bleibt der Vorgesetzte erfolglos.

## Zu c)

Diese negative Grundhaltung gegenüber Mitarbeitern kann in Sadismus übergehen, z.B. durch die Äußerung:

„Wenn ich Sie einmal nicht kritisieren sollte, fühlen Sie sich gelobt!"

Es handelt sich um eine besonders brutale Form des autoritären Führens mit dem Ziel, dem Mitarbeiter letztlich das Rückgrat zu brechen. Das mag ihm bei relativ sensiblen und labilen Mitarbeitern gelingen, andere entwickeln gegen diese Form der häufigen Kritik eine starke Abwehr, an der sie zerbricht. Dabei geht der kluge Mitarbeiter keine direkte Konfrontation ein, weil trotz aller Schutzbestimmungen für Mitarbeiter nach wie vor der Unterstellte stark vom Willen der Führungskraft abhängig ist. Er weiß, dass nicht die häufig kritisierte Leistung im Mittelpunkt steht, sondern dass diese Vorgehensweise nur ein Machtmittel ist, da der Vorgesetzte sich auf seine institutionelle Autorität stützt. Er besitzt nicht die erforderliche persönliche Autorität, häufig auch nicht das überlegene fachliche Können, um Akzeptanz zu finden. So stellt seine Vorgehensweise eine Art „Notwehr" dar; er weiß sich anders nicht mehr zu helfen.

## 2.3   Zu spätes Eingreifen des Vorgesetzten

1) Häufig missverstehen Vorgesetzte ihre Rechte und Pflichten im Hinblick auf die Delegation von Aufgaben. Die beiden polaren Fehlauffassungen sind:

a) **Wiederholte Eingriffe,**

weil Führungskräfte sich nicht von den delegierten Aufgaben trennen können und zudem äußerst misstrauisch sind im Hinblick auf das Leistungsvermögen ihrer Mitarbeiter, ein Thema, mit dem wir uns im Rahmen dieses Buches nicht beschäftigen müssen.

b) **Die angebliche Delegation von Verantwortung**

Es gibt Vorgesetzte, die fälschlicherweise annehmen, mit der Delegation von Aufgaben hätten sie auch die entsprechende Verantwortung abgegeben. Dem ist jedoch nicht so! Zwar hat der Mitarbeiter Mitverantwortung (= Ausführungsverantwortung), aber dem Vorgesetzten bleibt die Führungsverantwortung. Nur in sehr seltenen Fällen kann er sich davon entlasten.

Die hier kritisierten Vorgesetzten greifen viel zu spät ein, so dass die Mitarbeiter schwerwiegende Fehler begehen können, die sich beim richtigen Verhalten der Führungskräfte hätten vermeiden lassen. Folglich wehren sich die Mitarbeiter entsprechend heftig im Kritikgespräch. Die typische Gegenreaktion dieser Vorgesetzten:

Die Mitarbeiter hätten rechtzeitig die Problematik erkennen und sich an ihre Führungskraft wenden müssen. Diese Argumentation überzeugt nicht. Sie erinnert an einen Fehler vieler Ausbilder und Lehrender, die als „Erfolgskontrolle" die Frage stellen:

„Haben Sie das verstanden?"

Mit einem Ja begnügen sie sich. In Wirklichkeit müssten sie weiterführende Fragen zum vermittelten Wissen stellen.

Ebenso wenig ist vielen Mitarbeitern klar, zu welchem Zeitpunkt sie überfordert sind und dringend Hilfe benötigen. Diese Aufgaben können sie nur meistern, wenn sie ein angemessenes Selbstwertgefühl besitzen, also genau genug ihre Schwächen kennen, was Vorgesetzte selten vor einer Delegation prüfen.

Es kann sein, dass Mitarbeiter ihre Überforderung erkennen, aber nicht wagen, ihren Vorgesetzten zu fragen, um nicht wegen mangelnder Selbstständigkeit kritisiert zu werden.

2) *Was müssen Vorgesetzte beachten, um rechtzeitig einzugreifen?*
a) Sie vergewissern sich bei der Aufgabenübertragung, ob der Mitarbeiter alle Instruktionen verstanden hat.
b) Sie klären, ob der vom Mitarbeiter gewählte Lösungsansatz richtig ist.
c) Entsprechende Prüfungen müssen vor der Ausführung jeder weiteren Grundsatzentscheidung erfolgen.

d) Der Vorgesetzte darf sich zwar nicht die Aufgabe selbst oder Teile von ihr redelegieren lassen, aber Fragen sollte er nicht einfach zurückweisen, weil er sie aus seiner Sicht für unnötig hält. Er müsste mit dem Mitarbeiter erarbeiten, wie dieser das Problem eigenständig hätte bewältigen können, damit er zukünftig so handelt.

## 2.4 Zu emotionales Vorgehen des Kritisierenden

1) Fehlleistungen eines Mitarbeiters lösen fast stets Ärger für die Führungskraft aus, z.B.:
- Der eigene Vorgesetzte ist unzufrieden
- Es fällt Arbeit an, von der sie sich eigentlich entlasten wollte
- Die Fertigstellung der übertragenen Tätigkeit verzögert sich
- Außenstehende beschweren sich, z.B. Kunden, Lieferanten, externe Kooperationspartner
- Das Ansehen des Vorgesetzten selbst bzw. seiner gesamten Organisationseinheit mindert sich
- Der Vorgesetzte ist tief enttäuscht von der Fehlleistung des Mitarbeiters.

Folgen sind unterschiedlich starke Emotionen des Kritisierenden, von einer ärgerlichen Grundhaltung bis hin zu Wutanfällen mit persönlichen Beleidigungen.

2) Ärger als solchen versteht der Mitarbeiter, der nicht selten die eigene Fehlleistung bedauert, auch sich selbst ärgert. Bei großem Ehrgeiz kann dies stärker sein als bei der Kritik durch die Führungskraft.

3) Ganz anders sieht die Situation jedoch aus, wenn der Vorgesetzten seine negativen Emotionen nicht steuern kann oder will, also unangemessen negativ reagiert. Der Mitarbeiter fühlt sich ungerecht und zu hart behandelt und wehrt sich. Die Situation kann sich so weit aufschaukeln, dass ein sinnvolles Gespräch unmöglich wird, sich beide Betroffenen in ihrer Lautstärke gegenseitig übertreffen.

4) Wer als Vorgesetzter weiß, dass ein Fehler ihn unangemessen stark erregt, muss sein Kritikgespräch so lange verschieben, bis er wieder ruhig geworden ist. Nur dann wird er angemessen handeln.

5) *Hauptfehler der Führungskraft*
a) Sie kritisiert nicht den begangenen Fehler, sondern die handelnde Person. Das kann zu verbalen Aggressionen führen, z. B.:
- „Von Ihnen konnte man ja nichts Besseres erwarten!"

- „Sie sind wirklich völlig unfähig, eine Flasche!"
- „Wie konnte ich auch erwarten, dass Sie mal etwas richtig machen!"

Die Kritik an seiner Person verletzt den Mitarbeiter zutiefst in seinem Selbstwertgefühl. Er verschließt sich deshalb jeder weiteren Kritik und die Gesprächsebenen verschieben sich; weg vom konkreten Fehler hinein ins Grundsätzliche.

b) Starke negative Emotionen führen leicht zu Ungerechtigkeit. Der Vorgesetzte behandelt denjenigen bedeutend schlechter, den er nicht mag. Es fällt diesem besonders auf, wenn die Führungskraft Kollegen beim gleichen Fehler viel vorsichtiger kritisiert hat. Die Atmosphäre zwischen beiden leidet beträchtlich.

c) Bei Emotionen bleibt die Sachlichkeit auf der Strecke, Ausmaß und negative Folgen des Fehlverhaltens werden hochgespielt. Stattdessen sollte die kritische Situation unter Beachtung aller Rahmenbedingungen sorgfältig analysiert werden, möglichst als Gemeinschaftsarbeit.

6) Negative Kritik darf nur im seltenen Ausnahmefall sofort erfolgen, in der Regel also nach einer gewissen Abkühlungsphase. Diese muss umso länger dauern, je erregter der Vorgesetzte ist, der aus seiner Vergangenheit weiß, wie er üblicherweise handelt.

7) Vor jeder Kritik muss sich der Vorgesetzte vergewissern, wie es um die persönliche Beziehung zu seinem Mitarbeiter steht, besonders, wenn sie sehr gut ist – dann kommt es leicht zu einer zu weichen oder überhaupt keiner Kritik – oder ob in letzter Zeit atmosphärische Störungen aufgetreten sind, ob er „etwas" gegen diesen Menschen hat, also froh ist, ihn endlich wieder einmal kritisieren zu können.

## 2.5  Konstruktive Kritik?

1) Man unterscheidet zu Recht destruktive (= abbauende) von konstruktiver (= aufbauender) Kritik und fordert in der Führungslehre, dass jede Kritik konstruktiv sein soll.

2) Bei destruktiver Kritik bilden das Fehlverhalten und die massive Forderung des Vorgesetzten, dass etwas Vergleichbares nicht mehr vorkommen darf, den alleinigen Gegenstand des Gesprächs. Die Führungskraft verzichtet auf die Darstellung oder Erörterung des richtigen Vorgehens, weil die Lösung sowieso klar sei.

3) Dagegen wird sich der Mitarbeiter wehren.
a) „Ich werde nur fertig gemacht!"
b) „Ich weiß immer noch nicht, wie ich das nächste Mal richtig handeln soll", weshalb es leicht zum Wiederholungsfehler kommen kann.
c) Die klare Aufgabe seines Vorgesetzten sei, ihn nicht in erster Linie zu kritisieren: „Denn was geschehen ist, das ist geschehen und nicht wieder gut zu machen", sondern ihm wirkungsvoll zu helfen.
d) „Sie wissen wohl selbst nicht, wie das Problem wirklich zu lösen ist, warum dann die heftige Kritik?"

4) *Was sind Ursachen der destruktiven Kritik?*
Stimmen die Unterstellungen des Mitarbeiters?
a) Abbauende Kritik geht auf ein negatives Menschenbild, zumindest von dem betroffenen Mitarbeiter, zurück. Er hat versagt, was ihm nachhaltig verdeutlicht wird.
Alles andere bewegt den Vorgesetzten nicht: Weder die Ursachen für die Fehlleistung noch bestimmte Rahmenbedingungen, erst recht nicht, dass er ihm helfen müsste.
b) Selbstverständlich hat der Mitarbeiter seine bisherige Leistung für richtig gehalten, sonst wäre der Fehler nicht aufgetreten. Fast kein Mitarbeiter wird bewusst eine falsche Handlung vollziehen, eine Art von Sabotage begehen.
c) Der Vorgesetzte handelt bei seiner Kritik unüberlegt. Er hat nicht ernsthaft darüber nachgedacht, wie das Problem richtig anzugehen ist.

5) *Das notwendige richtige Vorgehen*
a) Kritik darf nur ein Mittel sein, um in Zukunft den begangenen Fehler auszuschließen. Wesentlich ist deshalb der Blick nach hinten nur so weit, als er erforderlich ist, um daraus für die nähere und fernere Zukunft die richtigen Konsequenzen zu ziehen.
b) Dementsprechend muss das Gespräch aufgebaut sein und auch die zeitlichen Anteile sollten danach verteilt werden.
c) Konstruktive Kritik heißt nicht, dass der Vorgesetzte seinem Mitarbeiter die eigenständige Denkarbeit abnimmt, ihm also bis ins Einzelne die Lösung vorgibt, sondern ihm nur so weit hilft, bis der Mitarbeiter die richtige Lösung finden kann.

## 2.6    Unterschätzen negativer Rahmenbedingungen

1) Jedes Handeln geschieht in einem
• zeitlichen
• sachlichen und
• örtlichen Umfeld.

26

2) Der Analysierende muss alle wesentlichen Rahmenbedingungen beachten.

3) Der Vorgesetzte kann seinem Mitarbeiter nicht gerecht werden.

4) *Worin können negative Rahmenbedingungen z. B. bestehen?*
a) Im Zeitdruck generell und dessen Massivität im Einzelfall
b) In äußeren Rahmenbedingungen wie
  - Klima
  - Licht
  - Luft
  - Raumgröße
c) In nicht ordnungsgemäßen oder überhaupt nicht vorhandenen Instrumentarien für die Arbeit
d) In fehlenden oder mangelhaft ausgebildeten Personen zur Unterstützung

5) *Gerechtfertigte Einschätzung der Rahmenbedingungen*
Zu a)
Eine der schwierigsten Aufgaben von Vorgesetzten ist die realistische Abschätzung der Zeit, die ein Mitarbeiter für die Erfüllung einer übertragenen Aufgabe aufwenden darf. Diese wird nur angemessen sein, wenn die Führungskraft
- selbst früher entsprechende Arbeiten zu erledigen hatte oder auch heute noch abwickelt, wobei der Vorgesetzte je nach der Leistungsfähigkeit des Mitarbeiters im Verhältnis zur eigenen den zeitlichen Mehraufwand billigen muss.
- auch im Hinblick auf bessere Erfahrung mit dieser Tätigkeit alle wesentlichen Rahmenbedingungen ausreichend beachtet, vor allem diejenigen, die eine qualitätsvolle Fertigstellung behindern. Er muss die gegenwärtige Situation gut genug kennen.

Ihm sollte auch klar sein, wieweit Zeitdruck bei dem jeweiligen Mitarbeiter Stress auslöst, wie stark dies der Fall ist und welche negativen Auswirkungen sich daraus für die geforderte Arbeitsleistung ergeben.

Zu b)
Ebenso wie Zeitdruck wirken sich negative äußere Rahmenbedingungen auch sehr unterschiedlich auf einzelne handelnde Personen aus. Wiederum geht es darum, wie gut der Vorgesetzte den Mitarbeiter über entsprechende Gespräche und Beobachtungen in seiner Gesamtpersönlichkeit einschätzen kann. Im Rahmen der Streichung von Hierarchieebenen wird häufig auf Kosten vordergründiger ökonomischer Vorteile übersehen, dass zu große Leitungsspannen entstehen. Mitarbeitergruppen von mehr als 12 Personen führen dazu, dass der jeweilige Vorgesetzte entschieden zu wenig über jeden einzelnen Mitarbeiter weiß, um ihm gerecht zu werden.

## Zu c)

Häufig beschäftigen sich Führungskräfte zu wenig mit der Güte des Instrumentariums, das ihre Mitarbeiter zur guten und schnellen Arbeitsleistung benötigen.

*Einige typische Beispiele:*

- Auf engem Raum müssen sechs Mitarbeiter oft für ihre Arbeit wichtige Telefonate mit Externen führen
- Es kommt zu unvermeidbaren telefonischen und/oder persönlichen Störungen während der Arbeit
- Die Arbeitsgeräte sind in zu geringer Anzahl oder auch nicht mehr voll brauchbar vorhanden oder stehen zu weit vom Arbeitsplatz entfernt.

Diese negativen Rahmenbedingungen führen zu Konzentrationsschwächen und folglich Flüchtigkeitsfehlern, rascherer Ermüdung, atmosphärischen Störungen unter den Mitarbeitern und höherem Zeitaufwand.

## Zu d)

Es bleibt oft unklar, wer wem welche Anweisungen erteilen darf und was geschieht, wenn der Zugeordnete seine eigenen oder andere Arbeiten vorzieht. Die zuständigen Vorgesetzten schrecken vor Entscheidungen zurück, weil sie es sich mit keiner Seite verderben wollen und sprechen dann von „betreuen", was auch immer dieses Wort bedeuten mag. Sie hoffen, dass die Mitarbeiter Konflikte unter sich austragen, ohne sie damit zu behelligen, so dass sie selbst später nur die inzwischen eingetretenen Zustände sanktionieren müssen. Es herrscht in diesem ursprünglichen Machtvakuum das Gesetz des Stärkeren und Pech hat der Mitarbeiter, der sich nicht durchsetzt. Er wird noch zusätzlich von seinem Vorgesetzten kritisiert, statt dass dieser ihm Rückendeckung gibt.

### 2.7  Zu wenig Verständnis für den Kritisierten

1) Besonders ehrgeizige und im „Tageskampf" rücksichtslose Vorgesetzte sehen ihre Mitarbeiter mehr oder weniger als Maschinen, die bis zur Grenze ihrer Belastbarkeit zu funktionieren haben. Krankheiten, Stimmungen und Konflikte zwischen Mitarbeitern empfinden sie als bedauerliche, unbedingt zu vermeidende Störfaktoren, die es wie Betriebsunfälle zu verhindern gilt. Sie wollen damit möglichst wenig belastet werden.

2) Diese falsche Einstellung zeigt sich auch bei der Art und Weise, wie sie zwischenmenschliche Konflikte zu lösen versuchen:
a) Soweit möglich ignorieren sie die bestehenden Spannungen und hoffen, dass sie sich ohne ihr Zutun früher oder später von allein lösen.
b) Lässt sich diese Vorgehensweise nicht beibehalten, beschäftigen sie sich unwirsch mit der unerfreulichen Angelegenheit und das in autoritärer Weise, kurz und bündig.

c) Entscheidend ist für solche Führungskräfte nur der auslösende Konflikt-grund. Eine Beschäftigung mit den wahren Ursachen halten sie für unnötig, zu anstrengend, zeitraubend und wenig hilfreich.
Sehr verärgert reagieren sie darauf, dass die Konflikte geblieben sind, sich sogar trotz ihrer Lösung verschärft haben.

3) Ein anderes Beispiel als negative Auswirkung dieser vereinfachenden Betrachtungsweise:
Für sie gibt es nur physische Krankheiten. Fehlt dagegen ein Mitarbeiter aus äußerlich nicht erkennbaren Gründen, handelt es sich natürlich um einen „Bummelanten". In ihr Weltbild passt es nicht, dass psychische Probleme zu wirklicher Arbeitsunfähigkeit führen können.

4) Als Folgen von fehlendem Verständnis für den Kritisierten übersieht ein solcher Vorgesetzter z.B.

- die Problematik der zwischenmenschlichen Beziehungen unter Kollegen und zwischen Mitarbeitern und Vorgesetzten, erst recht zu ihnen selbst, „wobei sie sich doch überall herausgehalten haben"
- die deutliche Über- oder Unterforderung des Mitarbeiters
- Beziehungsprobleme im häuslichen Lebenskreis
- kranke Familienmitglieder.

Die Führungskraft wird direkt von all dem kaum etwas erfahren, weil ihr ganzes Auftreten und Verhalten solchen Problemen ablehnend gegenübersteht. Der Mitarbeiter wird dennoch bei harter Kritik solche Gesichtspunkte in das Gespräch mit einfließen lassen. Er fühlt sich massiv ungerecht behandelt, weil der Vorgesetzte bisher keine Entlastungsgründe hat gelten lassen, welche aber für ihn die wahre Ursache für das zu Recht vom Vorgesetzten kritisierte Verhalten oder die beanstandete Leistung darstellen.

# 3. Typische Merkmale für problematische Kritik

## 3.1 Der falsche Zeitpunkt

### 1) *Einige Beispiele für diesen Tatbestand*

a) Ich kannte einen hohen Vorgesetzten, der jeden Mitarbeiter zunächst massiv kritisierte, wenn er ihn eigentlich auszeichnen wollte, z. B. durch eine höhere Position oder eine reizvolle neue Aufgabe von besonderer Bedeutung. Er tat dies nach eigenen Worten, damit der Mitarbeiter nicht übermütig wird.

b) Ein Mitarbeiter hat eine schwierige Aufgabe unter starkem Zeitdruck fertiggestellt. Er weiß, dass sie ihm dennoch gelungen ist und hofft auf das entsprechende Lob. Stattdessen stürzt sich die Führungskraft auf weniger gut bewältigte „Miniprobleme".

c) In einem anderen Fall bittet der Mitarbeiter um eine Vergütungserhöhung, da er bereits seit längerer Zeit eine schwierige neue Aufgabe ohne erkennbare Kritik bewältigt hat. Kaum hat er begonnen, sein Anliegen vorzubringen, kritisiert der Vorgesetzte ihn heftig und ausdauernd in Punkten, die er genau kannte, aber niemals zuvor kritisiert hatte.

d) Ein Mitarbeiter befindet sich in einer schwierigen menschlichen Situation, z. B. ist seine Lebensgemeinschaft zerbrochen, was ihn in seinem Selbstbewusstsein zutiefst erschüttert hat. Der Vorgesetzte weiß davon. Dennoch kritisiert er den Mitarbeiter in dieser Situation, obwohl er von der Sache her noch hätte warten können.

### 2) *Ursachen für die falsche Wahl des Zeitpunktes*

Zu a)
Eigentlich geht es nicht um Kritik, sondern der Vorgesetzte unterstellt jedem Mitarbeiter in dieser Situation eine zu hohe und für ihn als Chef gefährliche Selbstüberheblichkeit. Hin und wieder wird ein Mitarbeiter ohne entsprechend stabiles Selbstwertgefühl durch die massive überraschende Kritik völlig demoralisiert.

Zu b)
Dieser Vorgesetzte war nicht fähig, das deutliche Lob auszusprechen, das der erbrachten Leistung angemessen gewesen wäre. Also ging er nach der Aussage der Heiligen Schrift vor:
„Wer suchet, der findet!"

Es handelt sich um dieselbe Personengruppe, die zeitlebens niemals einem Mitarbeiter für ein Beurteilungskriterium die höchste Bewertung gibt. Diese halten sie nur für sich selbst als zutreffend; denn kein unterstellter Mitarbeiter kann besser sein als sein Chef. Dabei übersehen sie, dass Vorgesetzte und ihre Mitarbeiter nach unterschiedlichen Anforderungen beurteilt werden.

Durch ihre deutliche, aber von der Sache her unberechtigte Kritik, glauben sie, dem Mitarbeiter aufzuzeigen, wo er auch jetzt noch wirklich steht.

Zu c)
Der Vorgesetzte ärgert sich über die „dreiste" Forderung nach Gehaltserhöhung und versucht, sie durch seine Kritik bereits im Keim zu ersticken. Der Mitarbeiter soll über seine gegenwärtige Funktion froh sein. Der Vorgesetzte hätte ihn jeweils unverzüglich nach einem Fehler kritisieren müssen.

Zu d)
Statt zu kritisieren wäre es die Pflicht des Vorgesetzten zu diesem Zeitpunkt gewesen, ihm dabei zu helfen, wieder mehr Selbstvertrauen zu sich und seiner Leistungsfähigkeit zu gewinnen. Die von der Sache her berechtigte Kritik ist es psychologisch nicht, weil die negativen Auswirkungen viel massiver sind als es dem Gegenstand angemessen wäre. Der Vorgesetzte hat nur einen Teilaspekt des Problems – den Fehler des Mitarbeiters – erkannt, nicht aber die wirkliche Dimension des Geschehens. Er durfte nicht generell auf Kritik verzichten, aber er hätte es zu diesem Termin tun müssen.

## 3.2 Intolerante Kritik

### 1) *Begriffsklärung*
Toleranz bedeutet, einen eigenen Standpunkt zu haben, aber – wörtlich gesprochen – zu dulden (= zu ertragen), dass ein anderer Mensch seine eigene Sichtweise hat. Das ist der Unterschied zur Indifferenz, bei der ich eine Meinung zulasse, weil ich selbst keine feste habe. Mich kann deshalb der Standpunkt nicht stören.

### 2) *Was ist nun „intolerante Kritik"?*
Der Mitarbeiter hat das gestellte Problem richtig gelöst, aber auf andere Weise als es der Vorgesetzte getan hätte. Die Situation verschärft sich noch, wenn die Führungskraft eindringlich eine Lösung in ihrem Sinne gefordert hat. Dem Mitarbeiter lag es aber mehr, seinen eigenen Lösungsweg zu gehen. Vorgesetzte unterstellen in diesem Fall leicht, der Mitarbeiter habe sich zur eigenen Profilierung und gleichzeitig zum Abbau der Autorität seines Chefs für seine Alternative entschieden.

3) *Zu unterscheiden sind diese Möglichkeiten*
a) Die vom Vorgesetzten angeratene Alternative war von oben her vorge-
schrieben. Also hätte sich der Mitarbeiter daran halten müssen, zumal seine Lösung eine andere, aber nicht bessere war. Die Kritik betrifft die unzulässige
Abweichung von einer vorgeschriebenen Norm, weshalb wiederum der Chef in
Kritik geraten kann.
b) Weicht der Mitarbeiter vom „eindringlichen Rat" seines Chefs ab, kommt es
darauf an, wieweit dieser die entsprechende Aufgabe delegiert hat. Delegieren
bedeutet, dass der Mitarbeiter zum Erreichen des Ziels Entscheidungsfreiheit
besitzt. In diesem Fall handelt es sich wirklich nur um einen Rat des Chefs, der
diesem zwar besonders am Herzen lag, aber dennoch war es für den Mitarbeiter
legitim, begründet davon abzuweichen; oder die Führungskraft drückte eine
Anweisung in der falschen Form einer Bitte aus.
Kritisierte der Vorgesetzte im ersten Fall den Mitarbeiter, so ist diese Vorgehensweise ungerecht, weil man nur vermuten kann, dass der Chef für sich das
Privileg der allein richtigen Lösung aufrecht erhalten wollte.

### 3.3 Verletzung des Gleichbehandlungsgrundsatzes

1) Es ist für Menschen natürlich, dass sie sich miteinander vergleichen und
deshalb auch genau darauf achten, ob der Chef niemanden vorzieht. Das wissen
alle Vorgesetzten und sie müssen daher bei ihrem Auftreten und Verhalten diese
Vergleiche gebührend beachten. Die nicht lösbare Schwierigkeit liegt darin, dass
häufig Unvergleichbares miteinander verglichen wird, was zwangsläufig zu
falschen, aber zugleich sehr festen Meinungen führen kann.

2) Wenn hier deshalb von einer Verletzung des Gleichbehandlungsgrundsatzes
gesprochen wird, kann nur eine bewusste entsprechende Handlungsweise
vorliegen.
Mögliche Gründe:
a) Langjährig tätige Mitarbeiter im Unternehmen, erst recht in der entsprechenden Abteilung, werden milder kritisiert als ihre Kollegen.
b) Frauen werden – je nach Einstellung des männlichen Vorgesetzten – zu
scharf oder zu weich kritisiert.
c) Eine gute Beziehung zum Chef sorgt für weniger häufige und verharmloste
Kritik.
d) Gleiche Ausbildung bringt Vorteile.

Es kann sogar sein, dass der Chef keinen Hehl aus seiner Bevorzugung oder
Benachteiligung macht. Die Mitarbeiter haben das zu akzeptieren. Aufbegehren
wird nur derjenige, den der Vorgesetzte planmäßig benachteiligt.

3) Häufig bemerkt ein Vorgesetzter selbst nicht, dass er gleiche Fehler, abhängig von der Person des Verursachers, unterschiedlich stark kritisiert. Zur zutreffenden Selbsterkenntnis kann es nur kommen, wenn die Führungskraft ihr gesamtes Denken und Tun selbstkritisch deutlich hinterfragt, z.B. auch nach den kleinsten Anzeichen von Sympathie und Antipathie. Der Chef muss für körpersprachliche und sprachliche Indizien, die auf unberechtigtes ungleiches Verhalten hinweisen, sehr sensibel sein.

4) Es bedarf eingehender Gespräche und transparenter Informationen, wenn ein Vorgesetzter einem sich benachteiligt fühlenden Mitarbeiter verdeutlichen will, dass er ihn zwar härter als den Kollegen kritisiert hat, aber so handeln musste. Entscheidend dafür waren bei völlig gleichem Fehlverhalten wichtige unterschiedliche Rahmenbedingungen, die der Vorgesetzte zu berücksichtigen hatte, um dem Kollegen in seiner Situation gerecht zu werden.

Gründe z.B.:
- Der Erfahrungshorizont
- Das Vorwissen
- Die intellektuellen Fähigkeiten
- Erstmaliges Fehlverhalten oder Wiederholungstat
- Die Position im Betrieb
- Private Gegebenheiten

## 3.4 Kritik ohne wirkliche Lösung

1) Es geht hier nicht um aufbauende oder abbauende Kritik, sondern um Missbilligung falschen Tuns, ohne dass der Vorgesetzte zu diesem Zeitpunkt bereits genau sagen kann, wie der Mitarbeiter hätte handeln müssen. Dieser beschwert sich darüber, dass Kritik ohne wirkliche Lösung unakzeptabel sei. Sicher sind solche Fälle selten, aber sie kommen dennoch in der Wirklichkeit vor. Was ist zu tun?

2) Der Chef muss das Verhalten kritisieren, wenn er es als nicht zulässig untersagt hat, z.B. weil es bei einer an sich erfolgreichen Lösung zu starken negativen Nebenwirkungen kommt.

3) Sicher muss die Kritik bedeutend vorsichtiger erfolgen, als wenn der Mitarbeiter die richtige Lösung hätte wissen und danach handeln sollen.

4) Vorgesetzter und Mitarbeiter, dazu noch andere Spezialisten, müssten nachhaltig gemeinsam daran arbeiten, entweder die negativen Nebenwirkungen abzubauen oder eine ganz andere Lösung zu entwickeln.

# 4.   Lob als hintergründige Kritik

## 4.1   Pauschales, floskelhaftes Lob

Diese Aussage gilt nicht nur für qualifizierte Zwischen- und Endzeugnisse und Beurteilungen mit freien Formulierungsmöglichkeiten, sondern für alle Aussagen über Leistung und Verhalten eines Mitarbeiters.
Der Leser erkennt sofort, dass sich der Verfasser geweigert hat, individuelle Formulierungen zu verwenden, die Aussagekraft haben. Er verschanzt sich stattdessen hinter allgemeinen Äußerungen. Aus diesem Grund dürfen Führungskräfte in qualifizierten Zeugnissen kein floskelhaftes Lob erhalten, wenn der Aussteller positive Aussagen über sie treffen will.
Floskeln sind allgemeiner Natur, ohne jede Beziehung zur Einzelperson.
Die Äußerung „hm" z. B. kann je nach der damit verbundenen Betonung sowohl Zustimmung ausdrücken als auch „Bist Du nun endlich fertig!" bedeuten und so eine klare Aufforderung zum Ende der Ausführungen darstellen.
Häufig bedeuten „okay" oder „gut" nichts anderes als Füllwörter und stehen so auch an Stellen, an denen der Sprechende eine ganz andere Meinung besitzt als der Gesprächspartner, der soeben eine Aussage beendet hat.

## 4.2   Lob für Selbstverständliches

Diese Art von Lob kann verdeckte Kritik bedeuten; denn der lobende Vorgesetzte weist lediglich darauf hin, dass der Mitarbeiter immerhin das tut, was er auf jeden Fall leisten muss, also das Mindeste.
Es kann sich sogar um Ironie handeln, die der „Ausgezeichnete" aber selbst nicht erkennt und deshalb mit dem „Lob" zufrieden ist.
Der Vorgesetzte greift vielleicht auch zu solchen Formulierungen, weil der Mitarbeiter mit seiner Arbeit ausdrücklich anerkannt werden will und auf diese Weise kurz und schmerzlos abgespeist werden kann.

## 4.3   Zu wenig fundierte Anerkennung

1) Wer ein angemessenes kritisches Bild von sich selbst besitzt, die eigenen Stärken und Schwächen genau analysiert hat und deshalb auch weiß, was ihn auszeichnet und was er an Schwächen ernsthaft abbauen will, wird sich nicht mit einer Anerkennung zufrieden geben, die er ohne fundierte Begründung

erhält. Er wird einem solchen Lob mit gesunder Skepsis begegnen, weil es von seinen bisherigen Erkenntnissen von sich selbst abweicht. Außerdem will er wissen, warum der Vorgesetzte ihm genau diese Anerkennung ausspricht, um die zu Grunde liegenden Stärken systematisch auszubauen. Ebenso erwartet er eine detailliert abgefasste negative Kritik.

2) Menschen dagegen, die sich sehr stark nach Lob sehnen, kümmert es wenig, wie fundiert die positive Rückmeldung für sie ist. Sie sind damit zufrieden, oft auch generell mit ihrer Leistung und ihrem Verhalten. Weder wollen sie aus eigenem Antrieb Stärken ausbauen, noch Schwächen abbauen oder beseitigen. Nicht selten will der Vorgesetzte seine Ruhe von solchen Mitarbeitern haben. Da ist ein allgemeines, nicht näher begründetes Lob der einfachste Weg.

### 4.4 Lob als Kritik anderer

1) Indem der Vorgesetzte bei seinem Mitarbeiter einen Kollegen ausdrücklich lobt, verdeutlicht er diesem zugleich, dass er ihn als Vorbild für sein eigenes Handeln anzusehen hat. Diese Art negativer Kritik ist problematisch für die Zusammenarbeit und das Verhältnis der Kollegen zueinander. Leicht kann im kritisierten Mitarbeiter eine negative Grundeinstellung zum gelobten Kollegen entstehen. Diese Situation ist vergleichbar der unter Schülern, bei denen gegenüber dem Gelobten der Vorwurf des „Strebers" entsteht. Der Betroffene kann sich gegen das so entstehende negative Image nicht erfolgversprechend wehren, obwohl er durch eigenes Verhalten nicht dazu beigetragen hat. Oft weiß er noch nicht einmal, dass der Vorgesetzte ihn in einem Kritikgespräch mit einem Kollegen rühmend hervorgehoben hat.

2) Die Situation verschärft sich, wenn das explizite Lob nicht einer Einzelperson gilt, sondern einer Personengruppe mit unausgesprochener Kritik an einer anderen Arbeitsgruppe. In diesem Fall eskaliert die negative Haltung gegenüber den Gelobten, weil sich die kritisiert Fühlenden gegenseitig anstacheln. So kann das Betriebsklima schwerwiegenden, nicht reparablen Schaden erleiden.

### 4.5 Ironie

1) Die Hauptschwierigkeit der Ironie liegt darin, dass der Sprechende das Gegenteil dessen aussagen will, was er ausspricht. Ironie ist Geringschätzung des anderen in der Form des Lobs. Dabei kann sie sich bis zum Sarkasmus, in der Form des verletzenden Spotts, steigern.

2) Der Kritisierte erkennt nicht, dass sein Chef das Gegenteil von dem meint, was er sagt, hält sogar dessen Lob für echt. Ich selbst lege großen Wert auf Pünktlichkeit, da ich unpünktliches Verhalten als grobe Unhöflichkeit gegenüber der Einzelperson oder der Gruppe, die auf Nachzöglinge warten muss, verurteile. Eine Zeit lang habe ich das ironisch ausgedrückt, bis ich merkte, dass dieses Vorgehen zu Missverständnissen bei den Betroffenen führte. Meine Mitarbeiterinnen hatten einer neuen Kollegin, die mehrfach unpünktlich an ihren Arbeitsplatz kam, klar gemacht, dass ich als Vorgesetzter in einem solchen Fall sehr ungehalten reagieren werde. Dennoch kam sie auch bei mir zu einer Sitzung zu spät, woraufhin ich sie mit: „Einen wunderschönen guten Morgen, Frau Später!" begrüßte. Die Angesprochene meinte, ich sei doch viel harmloser als von ihren Kolleginnen prophezeit, bis ich mit ihr ein hartes Kritikgespräch führte.

Wegen der herabsetzenden Art, die stets mit Ironie verbunden ist, können entsprechende Bemerkungen viel tiefer verletzen als sie es sollten.

3) Das Reizvolle an Ironie ist die damit verbundene geistreiche rhetorische Übung: genau das Gegenbild von dem zu entwerfen, was man kritisieren will und das entsprechend zu formulieren. Der ironisch Vorgehende hat stets Lacher auf seiner Seite, die das Wortspiel verstehen und die gespannt sind, ob der Betroffene dies auch tun wird.

4) Bedeutend schwerwiegender sind aber die negativen Aspekte.
a) Kritik soll knapp, klar und vor allem verständlich sein.
b) Der kritisierende Vorgesetzte soll den Mitarbeiter als Partner behandeln, also Probleme offen mit ihm ansprechen und möglichst gemeinsam nach Lösungen suchen.
c) Er darf ihn also nicht gering schätzen. Das aber tut er, indem er ausprobiert, ob der andere sein Wortspiel versteht oder nicht.
d) Ironie kann auch Ausdruck von Resignation sein. Der Vorgesetzte hat erfahren, dass seine bisherigen Kritikversuche gescheitert sind. Er versucht, sich dies jedoch nicht anmerken zu lassen und glaubt, über Ironie seine Überlegenheit zu dokumentieren, als ob er über der Sache stünde.

# 5.    Kritik anderer statt an sich selbst

## 5.1    Angriff als „beste Verteidigung"

### 1) *Die Technik der „Notdelegation"*

Es gibt Vorgesetzte, die rechtzeitig erkennen, dass sie eine ihnen gestellte Aufgabe nicht meistern werden. Folglich versuchen sie, den „schwarzen Peter" auf einen Mitarbeiter abzuwälzen. Sie delegieren diese Aufgabe möglichst stark motivierend und von der Informationspolitik her so gestaltet, dass der Mitarbeiter den „Pferdefuß" nicht erkennt. Er kann sogar froh darüber sein, dass er diese Aufgabe zur selbstständigen Erledigung übertragen erhält, sozusagen als Auszeichnung. Das Unternehmen scheitert wie erwartet, und die entsprechende Kritik ist dem Mitarbeiter sicher. Nur ein Vorgesetzter der Führungskraft, der das Spiel durchschaut, wird die richtige Person kritisieren. Das bedeutet jedoch noch nicht, dass der unmittelbare Vorgesetzte seine Kritik am Mitarbeiter unterlässt.

### 2) *Kritik als Ablenkung von eigenem Fehlverhalten*

Oft sind für die mangelhafte Leistung eines Mitarbeiters sowohl dieser als auch sein Vorgesetzter verantwortlich, z.B. weil die Führungskraft
a)   die Aufgabe nicht gut genug erklärt
b)   den Mitarbeiter zu wenig präzise vorbereitet
c)   den Erfolg ihrer Einweisung nicht prüft
d)   die notwendige Hilfestellung während der Aufgabenerledigung unterlässt.
Es bleibt dabei, dass der Vorgesetzte das Arbeitsergebnis des Mitarbeiters kritisieren muss. Das „Wie" ist aber entscheidend abhängig von der Fairness des Chefs. Leitet ihn Gerechtigkeit, wird er bereits vor der Führung des Kritikgesprächs überlegen, welchen Anteil er selbst am Fehler des Mitarbeiters hat und damit auch, was er in Zukunft am eigenen Verhalten ändern sollte.
Wer dagegen als Vorgesetzter nach der Devise lebt:
„Angriff ist die beste Verteidigung",
wird sich ganz auf die Kritik am Mitarbeiter „einschießen".
Der mutige Mitarbeiter wird sich wehren, aber nicht unbedingt mit Erfolg.
Die unter a) bis d) aufgeführten Fehlleistungen der Führungskraft kann diese so darstellen, dass auch bei ihnen der Mitarbeiter versagt hat, z.B. weshalb hat er
*   bei der Auftragsübergabe nicht die notwendigen Rückfragen gestellt?
*   nicht rechtzeitig und
*   ausreichend stark um die Hilfe des Vorgesetzten gebeten?

Natürlich hätte der Mitarbeiter so handeln müssen und auf diese Weise sein Scheitern verhindern können, aber es bleibt beim klaren Mitverschulden des Vorgesetzten.

## 5.2 Unterschätzung der gestellten Aufgabe

1) *In persönlicher Hinsicht*
Wenn ein Vorgesetzter eine Aufgabe delegiert, muss er zuvor prüfen, ob der von ihm dafür ausgewählte Mitarbeiter als Person zur Erledigung geeignet ist:
a) Besitzt er das notwendige fachliche
   Wissen
   *und*
   Können?
b) Hat er sich bisher als sorgfältiger und gewissenhafter Mitarbeiter ausgezeichnet?
c) Ist er für *diese* Aufgabe stressstabil genug?

2) *In sachlicher Hinsicht*
a) Hat der Vorgesetzte ihn ausreichend in die Aufgabe eingewiesen?
b) Ist die Einweisung nicht zu früh erfolgt, so dass der Mitarbeiter von dem damals vermittelten Wissen zu wenig behalten hat?
c) Steht die Einweisung auf aktuellem Stand
   oder hat sich zwischenzeitlich etwas geändert, was der Mitarbeiter hätte wissen müssen?
d) Prüfte der Vorgesetzte jeweils, ob der Mitarbeiter alles Wesentliche verstanden hat?
e) Gehörte die Aufgabe, die der Mitarbeiter nicht zufriedenstellend erfüllt hat, zu den Arbeiten, die ihm eindeutig delegiert worden sind?
f) Hat der Vorgesetzte die notwendigen Rahmenbedingungen getroffen, z.B.
   * das sachliche Instrumentarium gestellt?
   * ihm Mitarbeiter zugeordnet, die über das erforderliche Fachkönnen verfügten?
   * die entsprechenden Entscheidungskompetenzen übertragen oder gab es darüber Unklarheiten?

3) *In zeitlicher Hinsicht*
a) Wie ist es zur Zeitvorgabe gekommen?
   Realistischer wäre die Festlegung des Zeitrahmens sicher gewesen, hätten sich Vorgesetzter und Mitarbeiter darauf geeinigt (= Zeitvereinbarung).
b) Ließ sich die Aufgabe unter Beachtung aller Rahmenbedingungen im festgelegten Zeitraum bewältigen

oder

musste ein von oben vorgegebener Termin übernommen werden?

c) Gab es zeitliche Erfahrungswerte für die Erledigung dieser oder ähnlicher Aufgaben

oder

handelte es sich lediglich um eine Zeitschätzung?

4) Das ist die unerlässliche Checkliste, die der Vorgesetzte Punkt für Punkt durchgehen muss, um zu prüfen, ob er die gestellte Aufgabe unterschätzt hat. Hat er alle Pflichten erfüllt – und nur dann –, ist er von der Verantwortung entlastet.

In diesem Fall erfolgt die Kritik am Arbeitsergebnis des Mitarbeiters zu Recht.


## 5.3   Auswirkungen eigener Frustration

1) Nach den Psychologen ist Frustration als Erwartungsenttäuschung definiert. Das, was ein Mensch Positives erwartet hat, ist nicht eingetreten. Darüber ist er enttäuscht, umso stärker, je weiter der Abstand zwischen Soll und Ist ausfällt. Massivste Demotivation kann schließlich in innere Kündigung ausarten. Die Führungskraft kann – aus welchen Gründen auch immer – nicht wirklich aus dem Betrieb ausscheiden. Sie erledigt nur noch die notwendigsten Aufgaben mit einem Minimum an Einsatz, jedoch so weitgehend, dass der Arbeitgeber keine Disziplinarmaßnahmen gegen sie verhängen kann.

2) Die Frustration einer Führungskraft kann auf sehr unterschiedliche Gründe zurückgehen, z.B.

a) unzureichende Entscheidungskompetenzen

b) Fehlen notwendiger Sachmittel

und/oder

c) Fehlen ausreichend geeigneter Mitarbeiter

d) keine Aussicht auf Beförderung

e) bei der Besetzung erstrebenswerter Positionen übergangen worden zu sein.

In allen Fällen ist der Vorgesetzte davon überzeugt, dass die zuständigen Stellen ihn ungerecht behandelt haben.

3) Frustrationen der aufgezeigten Art wirken sich in der Regel negativ auf das Führungsverhalten aus.

*Beispiel 1:*

Da der Vorgesetzte seine Frustration nicht ohne Probleme für sich nach oben weitergeben kann, liegt es nahe, sie auf die Menschen zu projizieren, die ihm als Mitarbeiter unterstellt und deshalb in gewissem Umfang von ihm abhängig sind.

*Beispiel 2:*
Die Grundstimmung dieses Vorgesetzten gegenüber dem Betrieb und damit auch seiner Führungsaufgabe ist negativ. Er will mit Führungsproblemen möglichst wenig behelligt werden. Das geschieht aber, wenn er Fehler von Mitarbeitern nicht unerwähnt lassen kann und in einem Kritikgespräch – nicht zuletzt als Selbstschutz – kritisieren muss.

*Beispiel 3:*
Im Kritikgespräch wird der Vorgesetzte als Folge seiner Frustration scharfe Seitenhiebe gegen übergeordnete Stellen einfließen lassen, nach dem Motto: „Die sind eigentlich an allem Schuld!"
Ein geschickter Mitarbeiter kann diese Schwäche seines Chefs ausnutzen und das Gespräch nicht selten erfolgreich so steuern, dass beide gemeinsam ein Feindbild entwickeln oder ausbauen, dagegen wettern und der eigentliche Grund des Gesprächs, die Kritik, immer mehr im Hintergrund verschwindet.

**4)  *Wie soll der Vorgesetzte eigentlich mit seiner Frustration umgehen?***
Zunächst muss er intensiv prüfen, wie er in diesen Zustand geraten ist. Hat er Vorstellungen entwickelt, die zu unrealistisch waren, um jemals erfüllt zu werden, nicht nur von der gegenwärtigen Geschäftsleitung, sondern von keiner?
Wieweit hat er zwischenzeitlich die notwendigen Korrekturen vorgenommen
oder
vertritt er noch immer stark die ursprünglichen Ideen?
Was hat die Geschäftsleitung veranlasst, ihm Kollegen vorzuziehen?
Waren es wirklich nur deren bessere Beziehungen nach oben
oder
gab es konkrete Stärken der erfolgreichen Mitbewerber ihm gegenüber?
Welche eigenen Schwächen müsste er deshalb abbauen, welche Stärken weiterentwickeln?
Es können auch formale Kriterien den Ausschlag gegen ihn gegeben haben, z.B.
• fehlende Qualifikation.
• geringere Betriebszugehörigkeitsdauer.
Was können seine Mitarbeiter dafür, dass er frustriert ist? Sollen sie darunter leiden? Damit verschlechtert er das Arbeitsklima und erschwert die eigene Führungsaufgabe. Verdeckt oder offen werden sich die Mitarbeiter gegen die nach ihrer Ansicht ungerechte Behandlung wehren. Kann er nicht durch deren Mitwirken die eigene Position im Betrieb beträchtlich verbessern und damit auch seine Aufstiegschancen?
Massive Demotivation kann in innere Kündigung übergehen. Durch die damit verbundene negative Grundeinstellung versuchen sich zwar die Mitarbeiter am Betrieb für die empfangene Unbill zu rächen, nicht selten sind sie aber selbst die Bestraften. Sie kommen Tag für Tag unzufrieden an ihren Arbeitsplatz und ihre Tätigkeit, ein Zustand, der die gesamte Arbeitszeit fortdauert. Das kann auf die

Dauer zu einer psychosomatischen Erkrankung führen. Der seelische Ärger kann z. B.

- Herzbeschwerden
- Magenprobleme
- Gallenleiden

auslösen.

Vor negativen Folgen bleiben nur die Vorgesetzten bewahrt, die im ausserbetrieblichen Bereich Aktivitäten mit viel Freude für sich entwickeln, z. B. sportliche oder andere vereinsmäßige.

Wenn der frustrierte Vorgesetzte seine Führungsaufgabe noch einigermaßen wahrnehmen will, darf er sich mit den Mitarbeitern nicht gegen „oben" solidarisieren. Dazu besteht eine starke Versuchung, da sich der Vorgesetzte in seinem Kampf nicht mehr allein fühlt. In diesem Fall führt er eigentlich nicht mehr, sondern missbraucht die ihm verliehenen Entscheidungskompetenzen nur noch zum eigenen Nutzen. Will er diesen schwerwiegenden Fehler nicht begehen, muss er sein Kritikgespräch ganz und konsequent auf den zu beseitigenden Missstand konzentrieren und jeden Abweichungsversuch des Mitarbeiters bereits im Keim ersticken.

### 5.4 Kritik als gesuchte Chance

1) Es gibt bestimmte Menschentypen, die durch ihre Einstellung und ihr Verhalten Vorgesetzte dazu reizen, den geringsten Anlass zur Kritik zu nutzen, um ihnen so zu verdeutlichen, wer Herr im Hause ist.

*Beispiele:*

a) **Der Besserwisser**

Bei Outplacement-Trainings – der Personalberater soll einen Mitarbeiter, der auf jeden Fall ausscheiden soll, für eine erfolgreiche Bewerbung fit machen – besaßen die meisten Kandidaten besonders hohe intellektuelle Fähigkeiten, aber es mangelte ihnen leider an der notwendigen sozialen Intelligenz. Sie verdeutlichten ihren Vorgesetzten bei allen möglichen Anlässen, dass sie ihnen klar geistig überlegen seien. Das ließen sich diese jedoch nicht allzu lange gefallen und die Betroffenen mussten sich eine neue Arbeitsstelle suchen.

Es kommt nicht darauf an, ob ein Mitarbeiter wirklich immer über das bessere Fachwissen verfügte, sondern es genügt, dass er dies behauptete, um den Vorgesetzten zu verprellen.

b) **Der Widerspenstige**

Es handelt sich um einen Mitarbeiter, der gegen Entscheidungen des Chefs immer wieder aufbegehrt, weil er sie z.B. für

- unnötig einengend
  und/oder

- sachlich nicht zutreffend hält.

Daraus kann sich Querulantentum, als das Kritisieren allen Tuns des Vorgesetzten und des Betriebes überhaupt, entwickeln.

c) **Der Unsympathische**

Das sind Mitarbeiter, die von ihrer ganzen Art her der Führungskraft so unähnlich sind, dass sie mit ihnen menschlich nur schwer zurechtkommt. Aus häufigen sachlichen Konflikten entsteht nicht selten auf Dauer auch eine starke persönliche Abneigung. In diesem Fall trennt der Vorgesetzte beide Phänomene nicht mehr voneinander.

## 2) *Entstehendes Fehlverhalten der Führungskraft*

Den Vorgesetzten reizt es in allen drei Fällen, jede, auch die kleinste Gelegenheit zur Kritik zu nutzen, die zudem auch härter ausfällt, als von der Sache her angemessen und im Vergleich zu Kollegen des Mitarbeiters gerechtfertigt. Den betroffenen Mitarbeiter ärgert dieses Vorgehen und der bereits bestehende grundsätzliche Konflikt eskaliert. Dabei kann es zu einer solchen Schärfe kommen, dass jede weitere sinnvolle Zusammenarbeit unmöglich wird und eine rasche Trennung erforderlich ist. Damit hat der Vorgesetzte unter Umständen sein stets angestrebtes Ziel erreicht. Es kann jedoch auch zu einer ständigen psychischen Belastung für ihn kommen, wenn es keine Möglichkeit zum Ausscheiden des Mitarbeiters aus der Arbeitsgruppe gibt, z. B. weil diese Person fachlich unentbehrlich ist oder andere Arbeitsgruppen eine Versetzung des Mitarbeiters in ihre Reihen konsequent ablehnen, denken wir an den Fall des Querulanten.

## 3) *Das empfehlenswerte Vorgehen*

Zu a)

Nicht wenige Vorgesetzte haben die tief verwurzelte Überzeugung: „Kein Mitarbeiter darf fachlich besser sein als ich, sonst gefährdet er meine Autorität und/oder sägt an meinem Stuhl." Diese Einstellung ist typisch für Führungskräfte, die sich in ihrer Position unsicher fühlen. Dabei begehen sie verhängnisvolle Fehler.

- Jeder fachlich gute Mitarbeiter ist eine Bereicherung für die Arbeitsgruppe und deren Leiter.
- Deren Ansehen steigt dadurch.
- Der Vorgesetzte hat eine andere Aufgabe als seine Mitarbeiter. Er soll die Arbeitsgruppe führen und leiten, nicht aber in ihr der beste Spezialist sein, sogar, wenn er dies vor der Übernahme der Position war und vielleicht nur deshalb zum Vorgesetzten ernannt wurde. Handelt er in einer höheren Funktion weiter so, bleibt er operativ tätig, statt seine eigentliche Aufgabe zu erfüllen: strategisch zu denken und handeln.

- Wenn Führungskräfte hervorragende Mitarbeiter systematisch weiterentwickeln, statt zu versuchen, „sie klein zu halten", wird es nicht selten geschehen, dass diese sich anderweitig bewerben, weil sie in ihrer bisherigen Position unterfordert sind. Dieser herbe Verlust lässt sich aber häufig nach relativ kurzer Zeit auffangen, weil die Arbeitsgruppe bei begabten und ehrgeizigen Mitarbeitern den Ruf besitzt, gute Chancen zum weiteren Aufstieg zu bieten. Bedeutend schwieriger ist die psychologische Situation für die Führungskraft jedoch, wenn der Mitarbeiter sein hervorragendes Fachwissen nicht kooperativ in die gemeinsame Arbeit einbringt, sondern allein zum eigenen Vorteil missbraucht und zudem dem Vorgesetzten immer wieder zu verdeutlichen bestrebt ist, wie stark dieser ihm fachlich unterlegen ist. Der Chef muss ihm seine Grenzen aufzeigen:

- Fachlich,
  weil er als einseitig hervorragender Spezialist zu wenig Wissen und Können bereits auf Nachbargebieten besitzt, obwohl er auch davon eine gewisse Ahnung haben müsste. Dort sind die Fachleute ihm klar überlegen.

- Zwischenmenschlich,
  weil er nicht die Informations-, Kommunikations- und Kooperationsfähigkeit und -bereitschaft zeigt, die in jeder Arbeitsgruppe erforderlich ist.

Kritik darf keine gesuchte Chance sein, sondern eine sachliche Notwendigkeit. Nur so darf sie auch erfolgen!

Zu b)
Es wird in der Managementliteratur viel über das unbedingte Erfordernis des kooperativen Führens geschrieben und die starken Mängel des autoritären Vorgesetztenvorgehens, aber nichts darüber, dass es auch autoritäre Mitarbeiter gibt und wie ein Chef sie behandeln sollte. Sicher muss der Vorgesetzte zunächst klären, worin die wahren Ursachen für die grundsätzlich widerspenstige Einstellung liegen. Das können vor allem sein:

- persönliche Gründe
  Er mag diesen konkreten Vorgesetzten nicht. Dann aber beschränken sich seine Einwände auf dessen Denk- und Verhaltensweisen und nicht auch auf Anweisungen höheren Orts.

- sachliche Ursachen
  In diesem Fall ist es für den Mitarbeiter unwichtig, von wem die Entscheidungen ausgehen. Er hat generell etwas gegen sie, z.B. weil er völlig frei schalten und walten will.

Gibt es ein persönliches Spannungsfeld zwischen Vorgesetztem und Mitarbeiter, sollte der Chef anhand von Beispielen diese Grundproblematik direkt ansprechen. Beispiele benötigt er, weil der Mitarbeiter sonst leicht der Diskussion ausweichen kann nach der Devise:

„Ich weiß nicht, was Sie eigentlich von mir wollen!"

Es kann sinnvoll und deshalb geboten sein, erst einmal nur die zwischenmenschliche Problematik anzusprechen und für beide Seiten eine Überlegungsphase vorzusehen.

Zu vermeiden sind endlose Diskussionen über die Frage, ob z. B. der Lösungsweg des Vorgesetzten oder der seines Mitarbeiters der bessere ist. Das soll der Chef sachlich und abgewogen prüfen und nicht grundsätzlich davon ausgehen, dass sein Standpunkt der geeignetere sein muss.

Ist die Entscheidung zu Gunsten der eigenen Vorstellungen getroffen, muss der Vorgesetzte sie auch gegenüber dem widerspenstigen Mitarbeiter konsequent durchsetzen. Es kann sich die Notwendigkeit des Anordnens (= des autoritären Führens) als allein angemessen ergeben. Auf keinen Fall darf der Vorgesetzte auf „faule" Kompromisse (= sachlich nicht vertretbare) ausweichen, um keine Entscheidung treffen und durchsetzen zu müssen.

Zu c)

Das sachgerechte Verhalten gegenüber unsympathischen Mitarbeitern stellt menschlich die höchsten Anforderungen. Der Vorgesetzte muss klar trennen:

- Was erfordert die Situation sachlich für ein Vorgehen
  und

- Wieweit muss der Mitarbeiter auch als Person kritisiert werden?

Der beste Maßstab für den Chef ist:

- Gab es bereits einen vergleichbaren Fehler, den ein anderer Mitarbeiter begangen hat und wie hat der Vorgesetzte damals kritisiert?

- Wenn nicht, wie würde der Chef vorgehen, wäre ein ihm sympathischer Mitarbeiter der Verursacher?

Auf keinen Fall darf die Führungskraft in dieser Situation spontan handeln, sondern sie muss gewissenhaft das Pro und Contra anhand der beiden Fragen abwägen.

## 5.5 Die Grundhaltung des Kritisierens

Ein Vorgesetzter kann aus zwei sehr unterschiedlichen prinzipiellen Beweggründen kritisieren, um

- seine Macht zu demonstrieren
  oder

- seinen Mitarbeiter zu fördern und weiterzuentwickeln.

Wir befassen uns in diesem Kapitel mit der problematischen Grundeinstellung, in den nächsten mit der positiven Haltung.

Ein bedeutsames Motiv dafür, dass ein Mitarbeiter konsequent eine Führungsposition anstrebt, besteht in den Einflussmöglichkeiten auf Menschen und sachliche Gegebenheiten, also im Erwerb von Macht. Zwar schränken inzwischen viele Gesetze das Direktionsrecht des Vorgesetzten ein, dennoch bleiben zahlreiche Entscheidungskompetenzen, die einer Führungskraft zugestanden werden müssen, da sie die Verantwortung für das Tun ihrer Arbeitsgruppe trägt. Kritik üben zu dürfen und zu können, ist deshalb ein Vorrecht des Vorgesetzten, der nur so die richtige Erledigung der aufgetragenen Aufgaben sicherzustellen vermag.

Das Kritikgespräch ist die geeignetste Sanktionsmöglichkeit eines Vorgesetzten. Steigerungsformen sind

- das aktenkundige Kritikgespräch unter Zeugen (= mündliche Ermahnung)
- die schriftliche Ermahnung
- die Abmahnung.

Im Kritikgespräch verdeutlicht die Führungskraft, dass sie

- Aufgaben verteilt bzw. koordiniert
- deren Erfüllung kontrolliert
- entsprechend der handelnden Person und dem Schwierigkeitsgrad der Tätigkeit häufiger und intensiver eine Rückmeldung dazu gibt
- was in der Regel nur bei unzureichender Leistung per Kritikgespräch geschieht.

Der Vorgesetzte will durch die Kritik sicherstellen, dass der Mitarbeiter die nächste vergleichbare Arbeit

- termin- und
- qualitätsgerecht
- in ausreichender Menge

erledigt. Solche Kritikgespräche finden ohne jede weitere Förderung statt.

# 6.   Ohne Kritik Stagnation und Rückschritt

## 6.1   Volle Zufriedenheit des Mitarbeiters mit dem Erreichten

Es gab ein Schulexperiment, bei dem drei leistungsmässig gleichwertige Gruppen unterschiedliche Rückmeldungen erhielten:

- nur positive Verstärkungen
- allein negative Kritik
- keinerlei Reaktionen

von Seiten der Lehrer. Die gelobte Schülergruppe steigerte ihre Leistung, die kritisierte versuchte sich zu verbessern, dagegen verharrte die dritte in ihrem bisherigen Verhalten, fiel dann sogar weiter ab.

Zwei Gründe waren dafür vor allem maßgebend:

1) Fehlende Rückmeldung kann der Erbringer einer Leistung als Beweis dafür ansehen, dass deren Empfänger ihr nicht die geringste Bedeutung zumisst. Er ignoriert die Arbeit schlechthin.

2) Andere Personen gehen davon aus, dass jede Arbeit kritisiert wird, die nicht die geforderte Qualität aufweist. Erfolgt keine Kritik, reicht die bisherige Leistung aus und Verbesserungen sind unnötig.

Diese Gesinnung zeigen besonders Mitarbeiter, die generell schnell mit sich zufrieden sind, weil sie jede Anstrengung scheuen. Stagnation und auch Absinken der Qualität sind natürliche negative Auswirkungen.

Man sagt zu Recht:

„Das Gute ist der Feind des Besseren!"

Ein Drängen nach Fortschritt im Sinne von Weiterentwicklung wird nur der Mensch zeigen, der zwar bereits gute Qualität liefert, aber weiß, dass er sein Leistungspotenzial noch bei weitem nicht ausgeschöpft hat. Dies will er aber erreichen; deshalb setzt er sich höhere Ziele, im Unterschied zu leistungsschwachen Menschen dennoch realistische.

Ein guter Mitarbeiter sieht seine eigene Leistung kritisch, hält sie also für weiter verbesserungsbedürftig. Der Schwächere ist dagegen bereits mit wenigem zufrieden. Er überschätzt sich stark oder geht davon aus, dass sich sowieso nichts Besseres erreichen lässt, oder wenn, dann nur unter unangemessenen Anstrengungen.

## 6.2 Die häufige Gefahr der Selbstüberschätzung

1) Das richtige Einschätzen der eigenen Stärken und Schwächen setzt einen längeren Prozess der Urteilsfindung voraus und lässt sich kaum ohne fremde Hilfe meistern. Deshalb trainieren die Auszubildenden in unserem Institut vom ersten Tag der Arbeit an, systematisch die eigene Leistung zu beurteilen, bevor der Ausbilder seine Entscheidung nennt. Ihre Urteile müssen sie selbstverständlich mit aussagekräftigen Beobachtungen belegen.

2) Je nach Mentalität – Optimist oder Pessimist, selbstkritisch handelnd oder das eigene Tun kaum hinterfragend – erfolgen zu hohe oder zu niedrige Bewertungen. Am schwersten fällt das abgewogene Pro und Contra vor allem, wenn es auf kritische Selbstanalyse zurückgeht.

3) Fehleinschätzungen kommen häufig auch deshalb vor, weil die klare Sollvorgabe fehlt. Es steht zwar noch fest, welche Arbeiten zu erledigen sind, aber Unsicherheit bleibt über das zu erreichende Ziel. Damit fehlt der unabdingbare Maßstab.

4) Aussagekräftige Selbstbeobachtungen, besonders des eigenen Verhaltens bei Körpersprache, Sprechweise und sprachlichem Ausdruck, verlangen, dass der Mitarbeiter dazu fähig ist, obwohl er sich vorrangig gleichzeitig auf das eigene Tun und dessen Zielsetzung konzentrieren muss. Konsequentes Üben und hohe Selbstdisziplin sind die Voraussetzungen, auch Mittel wie Tonbandgerät oder Videoaufzeichnungen sowie die Hilfestellung eines Beratenden und Trainierenden. Erst langsam sieht und hört sich der Mitarbeiter selbst. Der Erfolg vollzieht sich in diesen Schritten:

- Er sieht und hört sich auf einer Videoaufzeichnung
- Der Trainer weist ihn zunächst noch auf Stärken und Schwächen hin
- Der betroffene Mitarbeiter will erkannte Schwächen abbauen, sogar gänzlich beseitigen
- Er erkennt die Schwachstellen ohne fremde Hilfe
- Jetzt ändert er systematisch das bisherige Verhalten im Sinne der angestrebten Verbesserung
- Das so geänderte Verhalten wird seine neue Gewohnheit.

5) Aus dem individuellen Verhaltenstraining wird deutlich, dass nur schwer und mit Anstrengung und fremder Hilfe die notwendigen Fortschritte erzielt werden können. Die meisten Menschen nehmen erst im Training wahr, dass sie wirklich die Schwächen zeigen, die ihnen bereits Bekannte und Verwandte mehr

beiläufig genannt haben. Trainer und eigene Beobachtungen am Videorecorder haben jetzt endlich die für sie notwendige Glaubwürdigkeit. Sogar dann bleiben aber nicht selten Einwände, vor allem, wenn

- die Schwächen sehr massiv sind und ihnen nicht im Geringsten bekannt waren
- sie selbst dieses Fehlverhalten bei anderen bisher heftig kritisiert haben.

Solche Mitarbeiter führen die nicht zu bestreitenden Mängel auf die Sondersituation

- im Seminar
- bei einer Gesprächsübung
- vor der laufenden Kamera

zurück.

6) Viele sind bisher mit sich zufrieden, weil es die angenehmste Art ist und nach keiner besonderen Anstrengung verlangt.

Der Vorgesetzte, der Kritik nicht wagt, besonders wenn er weiß, dass der Mitarbeiter Widerstand entgegensetzen wird, lässt ihn in dem Glauben, keine besonderen und abzubauenden Mängel aufzuweisen. Daraus entsteht nicht selten massive Selbstzufriedenheit.

*Beispiele aus zwei Trainings:*

a) Eine Stadtverwaltung will ihre Parkwächter schulen lassen, da sie sich zu wenig kundenfreundlich verhalten. Der Trainer fragt, weshalb sie das Seminar besuchen sollen. Antwort: „Das ist uns völlig unklar. Wir verhalten uns doch richtig!" Der Trainer war am Abend zuvor auf einem Parkplatz vorgefahren und wollte mit einem großen Geldschein bezahlen. Er hatte auf einem Tonbandgerät aufgenommen, wie ungnädig mehrere Parkwächter ihn deshalb behandelten.

b) Verkäuferinnen behaupteten immer wieder in Trainingsseminaren, dass sie bestimmte beobachtete negative Verhaltensweisen vor Ort im Geschäft gegenüber dem Kunden nicht zeigen würden. Sie seien nur Folge ihrer Aufregung und der gespielten Situation. Dieser Vorwand ließ sich bei der nächsten Schulung sofort widerlegen, da eine Testkäuferin des Instituts entsprechende Verhaltensweisen mit Uhrzeit schriftlich festgehalten hatte.

7) Die beliebig vermehrbaren Beispiele zeigen, dass es vielen Mitarbeitern an der angemessenen kritischen Selbsteinschätzung fehlt. Entsprechend negativ und sehr überrascht reagieren sie auch in der betrieblichen Praxis, werden sie darauf angesprochen. Also überschätzen sich viele Menschen in ihrem Handeln. Die Vorgesetzten haben versäumt, sie entsprechend zu kritisieren; auch sie gingen den leichteren Weg.

## 6.3   Stillstand führt zu Rückschritt

Nun könnte man sich damit begnügen, dass der gegenwärtige Zustand zwar bei weitem nicht ideal ist, aber noch zu ertragen, ein Vorwand, den auch viele Mitarbeiter bringen, z.B.

- „Die anderen sind auch nicht besser als wir"
- Sie berichten sogar über Mitbewerber von noch schlimmeren Vorfällen
- „Die Kunden sollen nicht – wie man im Rheinland sagt – „pingelig" sein"

Aus diesen sehr selbstzufriedenen Standpunkten wird deutlich, dass wir uns nicht auf einer Ebene befinden (=Stagnation), sondern dass das Gefälle deutlich bergab führt und die Situation sich verschärft. Es kommt zu einem zunehmend lascheren Verhalten, zumal Kritik immer weniger wahrgenommen wird. Die betroffenen Kunden z. B. haben inzwischen resigniert, weil sie kritisches Verhalten für aussichtslos halten. Es muss schon jemand sehr deutlich werden, damit Kritik ankommt, was aber damit abgetan werden kann, dass dieser Kunde nicht beispielhaft gehandelt habe, sondern ein extremer Querulant und deshalb auch nicht ernst zu nehmen sei. Nur ein Eingriff massiver Art von der eigenen Spitze aus kann den längst notwendigen Umdenkprozess einleiten, nicht selten jedoch erst, wenn die bisherige abgelöst worden ist. Damit allein ist es aber auf keinen Fall getan:

- Weitere Vorgesetztenpositionen, besonders auf der mittleren Ebene, müssen neu besetzt werden.
- Ein intensives, systematisches Training über mehrere Jahre kann erst zur kritischen Selbstanalyse führen.

Besonders weit klaffen Fremd- und Selbstbild bei Mitgliedern der Geschäftsleitung auseinander. Sie gehen davon aus, dass ihre Mitarbeiter sie als persönliche Autorität akzeptieren, in Wirklichkeit aber sehen diese ihren Vorgesetzten, besonders im Hinblick auf sein zwischenmenschliches Auftreten und Verhalten, oft sehr kritisch. Sie sagen dies dem Geschäftsleitungsmitglied aber nicht offen, da sie sonst Nachteile für sich fürchten. Andeutungen nimmt dieser hohe Vorgesetzte, der zu sehr von sich überzeugt ist, aber nicht wahr. Der Grund für das viel zu hohe Selbstbewusstsein liegt in den großen beruflichen Erfolgen. Fälschlicherweise schließen sie daraus, dass sie auch als Persönlichkeit voll akzeptiert werden. Eine Führungskraft, die nicht vor der Beförderung auf ihre erste Leitungsfunktion gelernt hat, sich selbst kritisch einzuschätzen, wird dies kaum mehr von sich aus lernen. Je höher sie in der Hierarchie aufsteigt, desto mehr droht die Gefahr der Selbstüberheblichkeit.

Eine ähnlich problematische Situation ergibt sich für hochgradige Spezialisten, jedoch in diesem Fall nicht in Hinsicht auf ihre persönliche Autorität, sondern auf ihr fachliches Können. Im eigenen Hause kann sie niemand fachlich kontrollieren; sie sind unangreifbar geworden und betrachten häufig in absolut intoleranter Weise nur eigene Lösungsvorschläge als geeignet. Sie müssten stattdessen eine Art Benchmarking auf ihrem Fachgebiet betreiben, sonst tritt auch bei ihnen das Phänomen der Stagnation und des Rückschritts auf. Nur sie selbst können sich letztlich helfen; der Vorgesetzte kann lediglich Anregungen zur Aktualisierung und Vertiefung bzw. Verbreitung des Fachkönnens geben.

## 6.4 Notwendige Kritik auch zur Verbesserung des Guten

Wir haben uns bisher bei Kritik weitgehend nur mit dem Problem der Leistungsschwächen befasst, die vermindert bzw. beseitigt werden müssen. Daneben soll aber auch Kritik erfolgen, um bereits Gutes noch weiter zu verbessern, also jeder Selbstzufriedenheit energisch zu begegnen.

*Beispiele:*

a) • Haben Sie durch in- oder externe Vergleiche überprüft, welche Arbeitsmethoden oder/und -instrumente zu kostengünstigeren Lösungen führen?
   • Welche Innovationen sind an anderer Stelle entwickelt oder/und realisiert worden?
   • Wieweit arbeiten Sie von sich aus an Neuerungen auf Ihrem Fachgebiet?
   • Sehen Sie noch Verbesserungen über Teamarbeit?

b) Sie arbeiten bereits erfolgreich mit Kollegen in der eigenen Arbeitsgruppe und aus anderen Bereichen zusammen. Wie können Sie
   • Information
   • Kommunikation
   • Kooperation
   rascher und reibungsloser gestalten?
   Auf welchen Gebieten könnte die Zusammenarbeit ausgedehnt werden?

c) Welche konkreten
   • sachlichen
   • persönlichen
   Ziele haben Sie sich für das nächste Jahr, kürzere oder längere Zeiträume vorgenommen?

Es ist zu unterscheiden, mit welchem Menschentyp der Vorgesetzte zu tun hat:

1) *Der Ehrgeizige*
Er hält mit seinen Kräften nicht Maß, sondern überfordert sich immer wieder. Der Vorgesetzte muss ihn dazu anleiten, realistische Sollvorstellungen zu entwickeln, die er erreichen kann, ohne zu viel Kraft zu investieren, und so den Ehrgeiz in sinnvolle Bahnen lenken.

Außerdem droht die Gefahr, dass das Wohl und Wehe des Betriebes, und erst recht der Kollegen, zu Gunsten der eigenen Interessen massiv in den Hintergrund treten. Alle Bestrebungen des Ehrgeizlings drehen sich nur um ihn selbst.

## 2) *Der Selbstzufriedene*
Es geht hier um solche Menschen, welche die geforderte Qualität und Quantität bereits erbringen. Deshalb besteht kein Anlass zu berechtigter Kritik, es sei denn, der Maßstab des Vorgesetzten ist nicht das gegenwärtige Soll, sondern die konsequente Nutzung des beim Mitarbeiter erkannten Entwicklungspotenzials. Die Führungskraft muss versuchen – möglichst in Übereinstimmung mit dem Betroffenen – höhere Ziele zu definieren. Die Kritik bezieht sich darauf, dass jeder Mitarbeiter dazu verpflichtet ist, seine Fähigkeiten optimal zu entwickeln.

## 3) *Der Unsichere*
Der Mitarbeiter weiß zwar, dass er über ungenutzte Kraftreserven verfügt, er möchte sich verbessern, verzichtet aber darauf aus Angst zu scheitern. Ursachen für die unbegründete Furcht können sein:
a) Ein unterentwickeltes Selbstbewusstsein auf Grund zu wenig positiver Rückmeldungen in seinem bisherigen Berufs-, oft auch Privatleben
b) Eine generell pessimistische Weltsicht, nicht nur, was die Arbeit im Betrieb betrifft, sondern das Leben und die Wirklichkeit schlechthin
c) Angst vor allem Neuen.

Das richtige Vorgesetztenverhalten dazu:
Zu a)
Wie bei der Delegation einer neuen Aufgabe muss der Vorgesetzte eine sachlich überzeugend begründete Anerkennung aussprechen und den notwendigen Kausalzusammenhang zu neuen Zielen herstellen. Außerdem sollte der Mitarbeiter das berechtigte Gefühl haben, dass sein Vorgesetzter ihn rechtzeitig und wirkungsvoll unterstützen wird. Das sollte er mit Belegen versehen. Gleichzeitig aber muss die Führungskraft verhindern, dass der Mitarbeiter sich zu sehr auf ihn verlässt und massiv versucht, die übertragene Aufgabe wieder zu redelegieren, sobald deren Bewältigung mit Schwierigkeiten verbunden ist.

Zu b)
Den Pessimisten zu überzeugen, ist eine psychologisch besonders schwierige Aufgabe, weil es sich um eine tief verwurzelte Einstellung handelt. Sie wird deshalb nur selten gelingen. Wie bei jeder Einstellungsveränderung – die stets ausschließlich eine Modifizierung darstellen kann – wird der Vorgesetzte höchstens erfolgreich sein, wenn er
• über längere Zeit hinweg
• stark genug
auf den Mitarbeiter einwirken kann.

Zu c)

Angst vor Neuem ist eine negative Emotion. Sie vermag der Chef daher nicht durch die beste rationale Argumentation zu überwinden, sondern nur durch den Aufbau oder noch sicherer durch die Vertiefung von Vertrauen.

Vertrauen kann darin bestehen, dass der Vorgesetzte

- den Mitarbeiter als Mitmenschen voll akzeptiert
- ihn als Person und als Fachkönner weiterentwickeln und fördern will
- ihn bei entstehenden Fehlern nicht kritisieren, sondern stattdessen stützen wird.

Der Mitarbeiter sollte sich bei seinem Vorgesetzten gut aufgehoben wissen.

# 7. Kritik als Pflicht des Vorgesetzten

## 7.1 Optimierung der Aufgabenerfüllung
### – sachlich und persönlich –

1) *Die falsche Vorstellung: Kritik ist etwas zutiefst Negatives*
Ein Vorgesetzter wird Kritik nur dann konstruktiv äußern, wenn er
a) passiv
und
b) aktiv
kritikfähig ist.
Wer an sich geübte Kritik mit allen Mitteln abzuwehren bestrebt ist, wird nicht angemessen Kritik üben. Entweder wird er zu hart handeln, in einer Art „weitergegebener Rache", oder viel zu selten und zu milde, weil er dem Mitarbeiter nicht das antun will, was er bei sich selbst energisch ablehnt. Kritik ist für diese Führungskraft etwas, was anderen „Böses" antut.

2) *Kritik als positives Phänomen*
a) Das Schwergewicht der Kritik muss auf der Zukunft liegen.
Es gilt das gleiche Prinzip wie beim Beurteilen:
Die genaue Analyse des vorliegenden Mangels und vor allem dessen wirklicher Ursache darf nur ein Ziel haben:
Sicherzustellen, dass sich dieser Fehler nicht wiederholt, sondern das angestrebte Ergebnis erreicht wird.
Es ist deshalb nicht nur Zeitverschwendung, sondern es verschlechtert auch das zwischenmenschliche Verhältnis nicht selten beträchtlich, wenn der kritisierende Vorgesetzte und der von diesem kritisierte Mitarbeiter heftig über die Schuldfrage streiten und wem der schwarze Peter zugeschoben werden kann. Mitarbeiter ärgern sich, wenn der Chef immer wieder in der Schwachstelle „bohrt", auch wenn sie schon längst erkannt haben, dass ein von ihnen entscheidend verursachter Fehler vorliegt.
Die Situation ändert sich sofort zum Besseren, wenn die Führungskraft möglichst schnell versucht – gemeinsam mit dem Mitarbeiter –, den Fehler zukünftig zu vermeiden.
b) Die konkrete und die generelle Problemlösung:
Selbstverständlich muss der erste Schritt sein, das aufgetretene Problem

- rasch
und
- sicher
zu bewältigen.

Dabei kann es der Vorgesetzte nicht bewenden lassen.

Nachdem der gegenwärtige Fehler beseitigt ist, darf sich die Führungskraft mit dem erfolgreichen Trouble-Shooting nicht begnügen. Es gibt Vorgesetzte, die diese Fähigkeit für besonders anerkennenswert halten und es aus angeblichem Zeitmangel unterlassen, für eine generelle Problemlösung zu sorgen, so dass der beanstandete Mangel nicht mehr auftreten kann. Erst damit ist eigentlich die Aufgabe erfüllt.

Die falsche Vorgehensweise vieler Chefs geht darauf zurück, dass sie zwar auf operativem Gebiet – dem spontanen Handeln beim Erkennen des Fehlers – Stärken haben, nicht aber auf strategischem. Es liegt ihnen nicht, durch eine geeignete Konzeption eine generelle Lösung zu schaffen.

Eine vordergründige Problembewältigung ist auch möglich, wenn der Vorgesetzte lediglich die auslösende Ursache geortet hat.

Eine strategische dagegen muss berücksichtigen:
- alle Faktoren, die zum negativen Ergebnis beigetragen haben
- auch mittelbare und ggf.
- länger zurückliegende
- die Schaffung sämtlicher Rahmenbedingungen, die den Erfolg sicherstellen können
- das Erkennen negativer Nebenwirkungen, die bei der neu konzipierten Vorgehensweise auftreten können und der Umgang mit ihnen.


## 7.2   Verbesserung der Einzel- und Gruppenleistungen

1) *Die Einordnung des Fehlers in das Gesamtgeschehen*
Der Vorgesetzte darf einen Mangel nicht als isoliertes Phänomen betrachten:
a)  Welche Bedeutung kommt dem Versagen des Mitarbeiters für die Erledigung der Aufgabe der Arbeitsgruppe zu?
Je schwerwiegender die Auswirkungen sind, desto härter muss die Kritik ausfallen.
b)  Wieweit sind durch den Fehler
- andere Bereiche des Betriebes
oder
- sogar Außenstehende
negativ betroffen?
c)  Welche Sanktionen können sich für die gesamte Arbeitsgruppe ergeben?

## 2) *Die Breite der negativen Wirkung*

Hat der Fehler z.B.

- nachfolgende Arbeiten beträchtlich erschwert
  oder
  sogar gänzlich unmöglich gemacht, so dass es zur zeitlichen Verzögerung des Gesamtergebnisses kommt?
- Sind zeitlich parallel laufende Arbeiten rechtzeitig fertig geworden, dann kommt es jetzt zu einem Nadelöhr. Ist festgelegt, dass die Teilergebnisse ineinander gearbeitet werden müssen?
- Im Extremfall können neue Planungen erforderlich sein.

Nur eine Arbeitsgruppe, nicht mehr allein der Vorgesetzte und sein betroffener Mitarbeiter, können erfolgreich an der Problemlösung arbeiten.

## 3) *Konkrete Verbesserung der Einzel- und der Gruppenleistung*

Sinnvolle Kritik ist immer auch der Versuch, konsequent für die Optimierung der Arbeitsergebnisse einzustehen. Das bedeutet für 2), dass viel mehr in die Wege geleitet werden muss als die schlichte Beseitigung des aufgetretenen Mangels, z.B.:

a) Wäre es durch eine überlegtere und zielgerichtetere Vorgehensweise möglich gewesen, kritische Situationen zu verhindern oder zumindest zu entschärfen?

b) Hätte bereits im Vorfeld eine Kontrolle von dritter Seite erfolgen können?

c) Was hätten Kommunikation und Kooperation und damit auch gegenseitige Unterstützung verhindern können?

d) Wieweit muss zukünftig mit flexibleren Zeitplänen gearbeitet werden?

Aus solchen Überlegungen wird deutlich, dass bloße Kritik am Fehlverhalten unzureichend sein muss und die Mängelbeseitigung viel breiter anzulegen ist.


## 7.3   Individuelle Personalentwicklung und -förderung

### 1) *Der Vorgesetzte als Coach?*

In der Führungslehre wird heute häufig die These nachhaltig vertreten, dass jeder Vorgesetzte der Coach aller seiner Mitarbeiter sein muss. Grundsätzlich ist dies richtig, wenn man „Coach" im Sinne von „Trainieren" versteht. Das Problem liegt jedoch darin, dass Geschäftsleitungen folglich alle von ihnen als Führungskräfte eingesetzten Mitarbeiter entscheidend danach auszusuchen hätten, ob sie das dafür benötigte Potenzial besitzen. Außerdem müssten diese lernen, das entsprechende Instrumentarium zu kennen und sachgerecht anzuwenden:

a) Die Fähigkeit, das Potenzial jedes Mitarbeiters in Breite und Tiefe einschließlich der nicht überschreitbaren Grenzen zu erfassen. Oft fehlt es bereits am notwendigen Beobachtungsvermögen.

b) Ausdauer und Geduld

Jeder Trainer muss Zähigkeit und Durchhaltevermögen entwickeln, darf also nicht

- zu kurzfristig auf Erfolge hoffen
- sich durch Misserfolge vorschnell entmutigen lassen, sondern muss sogar den unter Umständen demoralisierten Mitarbeiter wieder aufrichten
- unangemessen kritisieren, weil er von der Fehlleistung seines „Zöglings" zutiefst enttäuscht ist.

c) Einfühlungsvermögen

Man sagt in der Betriebspsychologie:

„Der Lehrende muss den Mitarbeiter dort abholen, wo er steht."

Das ist zu verstehen im Hinblick auf

- Vorwissen und –können
- aktives und passives sprachliches Ausdrucksvermögen
- Lernbereitschaft und -fähigkeit.

d) Das Beherrschen von weiterem notwendigen Instrumentarium, z.B.:

- das konsequente Führen von Lehrgesprächen durch offene W-Fragen, d. h. Fragen stets mit einem Fragewort zu Beginn
- das möglichst starke gemeinsame Erarbeiten des Lehrstoffes
- die aussagekräftige Demonstration anhand von Unterlagen wie Zeichnungen
  Gegenstände
  Fotos
- der Aufbau vom Konkreten (= Beispiel) zum Abstrakten (= Regel)
- der angemessen steigende Schwierigkeitsgrad
- die Anleitung zur Selbstkontrolle
- ausreichend und angemessenes Lob ebenso wie konstruktive Kritik.

## 2) *Die individuelle Personalentwicklung und -förderung*
### a) **Zum Begriff**

Personalentwicklung wird oft von Führungskräften als die alleinige Förderung zum Aufstieg in eine Leitungsfunktion missverstanden. Daher lehnen Vorgesetzte häufig Personalentwicklungskonzeptionen ab, auch weil wegen des Lean-Managements die Zahl der Führungspositionen stark abgenommen hat.

Personalentwicklung aber bedeutet vor allem, dass ein Mitarbeiter befähigt wird,

- seine Aufgaben rascher, kostengünstiger und dennoch mit der geforderten Qualität zu erfüllen
- die Arbeitsbreite auszudehnen = Job-Enlargement
- höherwertige Tätigkeiten zu übernehmen = Job-Enrichment.

Dies dient nicht der Beförderung auf eine neue Position, sondern der Verstärkung der Motivation am gegenwärtigen Arbeitsplatz durch mehr Abwechslungsreichtum und neue Anforderungen.

## b) Personalentwicklung im Rahmen des Kritikgesprächs?

Diese Überschrift verblüfft zunächst, weil der Leser sie bei diesem Thema nicht erwartet. Beispiele für die Notwendigkeit der Frage:

- Der Mitarbeiter besitzt das Potenzial, den begangenen Fehler zukünftig zu vermeiden, wenn er in die Aufgabenstellung entsprechend eingewiesen wird. Noch immer lautet ein Leitsatz mancher Vorgesetzter: „Ich bin auch ins kalte Wasser geworfen worden und mir ist das gut bekommen!"
  Logisch: Diejenigen, die im kalten Wasser ertrunken – also gescheitert – sind, kann man nicht mehr fragen!
- Der Mitarbeiter hätte nicht versagt, wäre der Vorgesetzte seiner Pflicht nachgekommen, ihn in psychologischer Hinsicht für die Aufgabe zu stärken. Gemeint ist Ermutigung, Hilfestellung und freundliches Verhalten bei Rückfragen, auch wenn der Chef unter Zeitdruck stand und der Mitarbeiter sich die Frage vielleicht allein hätte beantworten können.
- Es fehlte der notwendige Hinweis der Führungskraft auf etwaige Hindernisse und wie der Mitarbeiter sie rechtzeitig erkennen kann, um sie zu umschiffen oder frontal erfolgreich anzugehen.

Personalentwicklung über das Kritikgespräch heißt, dass der Vorgesetzte

- dem Mitarbeiter dazu verhilft, das eigene Potenzial richtig einzuschätzen
- seine Persönlichkeit stärkt, um mehr Zutrauen zu sich zu gewinnen
- die Instrumente kennt und sachgerecht einsetzt, die der Mitarbeiter zum Erfolg benötigt.

Die Personalentwicklung sollte immer auf zwei Ebenen erfolgen:

- der sachlichen
  und
- der persönlichen.

Die zweite vernachlässigen Vorgesetzte in der Regel, weil sie

- in persönlicher Hinsicht bedeutend mehr von ihnen fordert
- oft noch ungewohnt ist
- im Erfolg schwieriger zu kontrollieren ist.

Persönliche Ziele können aber von höherer Bedeutung sein. Ein Mitarbeiter beherrscht zwar das notwendige Instrumentarium für die Erfüllung seiner Aufgabe, bleibt aber dennoch erfolglos, weil er aus mangelndem Selbstbewusstsein heraus

- zu spät oder zu vorsichtig handelt
  oder
- es ihm am erforderlichen Durchhaltevermögen fehlt.

Das Kritikgespräch sollte mit realistischen sachlichen und persönlichen Zielvereinbarungen enden, ggf. auch mit Zielvorgaben, sonst kommt es nicht zur Einigung des Vorgesetzten mit seinem Mitarbeiter.

## 7.4  Verbesserung der Arbeitsbedingungen

1) Nur selten können Arbeitsbedingungen zwangsläufig zum Scheitern des Mitarbeiters führen. In diesem Fall darf der Vorgesetzte kein Kritikgespräch ansetzen. Häufiger erschweren sie dagegen den Arbeitserfolg und sind Mitverursacher, was der Chef im Kritikgespräch entsprechend berücksichtigen muss.

2) Teilweise übertreiben Mitarbeiter die negativen Auswirkungen der Arbeitsbedingungen beträchtlich.
In anderen Fällen beachten die Betroffenen diese Faktoren zu wenig. Das geschieht vor allem, wenn sie den Blickpunkt bei der Kritik zu stark auf das eigentliche Geschehen verengen. Die Analyse erfolgte nicht gründlich genug.
Es kann auch sein, dass der Mitarbeiter sich an die unvorteilhaften Arbeitsbedingungen bereits so sehr gewöhnt hat, dass sie ihm nicht mehr auffallen, dem Vorgesetzten erst recht nicht, da er für seine Arbeit günstigere vorfindet.
Wenn sich Störungen des Kritikgesprächs vermeiden lassen, sollte es vor Ort beim Mitarbeiter stattfinden, weil
a) der Mitarbeiter an seinem gewohnte Platz bleibt und sich damit sicherer fühlt, während der Vorgesetzte ein „Auswärtsspiel" hat.
b) dem Vorgesetzten negative Rahmenbedingungen deutlicher werden wie
   • Lärm
   • Störungen durch Telefonate oder ohne Voranmeldung eintretende Personen
   • schlechte Lichtverhältnisse
   • ermüdendes Klima
   • veraltete und störungsanfällige Apparaturen.

3) Ein entscheidender Schritt zur Vermeidung künftiger Fehler kann in einer entsprechenden Verbesserung der Rahmenbedingungen liegen, z.B.
   • ein größerer räumlicher Abstand zwischen den einzelnen Arbeitsplätzen
   • schallschluckende Maßnahmen, wenn viele Mitarbeiter in einem einzigen Raum arbeiten müssen
   • starke Eindämmung von Störungen.
*Ein Beispiel:*
Die Mitarbeiterin, die auch das Lager verwaltete, erfüllte andere Aufgaben zu flüchtig und zu spät. Sie begründete dies damit, dass ständig (= zu jeder Tageszeit) Kollegen Gegenstände aus ihrem Lagerbestand wollten. Nie konnte sie

ungestört arbeiten. Daraufhin wurden bestimmte Öffnungszeiten eingeführt, die jeder strikt einzuhalten hatte. Sofort kam es zu den verlangten besseren Leistungen.

*Ein anderes Beispiel:*
Bei großer Hitze im Sommer waren die Mitarbeiter unter dem Dach wegen der dort herrschenden hohen Zimmertemperatur bei ihrer Arbeit stark benachteiligt.

- Luftigere Kleidung
- andere Arbeitszeiten und
- Ventilatoren

erleichterten ihnen das Erreichen des Qualitätsstandards.

# 8.    Dialog zur Präzision der Selbsterkenntnis

## 8.1    Das Kritikgespräch häufig als Monolog

### 1) *Grunderkenntnis*

Die weitaus meisten Kritikgespräche sind dadurch gekennzeichnet, dass der Vorgesetzte im Verhältnis zum Mitarbeiter einen enorm hohen Redeanteil hat. Eigentlich müsste deshalb statt des Wortes Kritikgespräch der Begriff Kritikmonolog verwendet werden. Die Einseitigkeit des Redeanteils wird den Führungskräften jedoch in der Regel erst klar, wenn sie sich bei einem Training die entsprechende Videoaufzeichnung ansehen.

### 2) *Gründe für die verfehlte Gesprächsführung auf Seiten des Kritisierenden*
*1. Fall:*
Der Chef hat sich sorgfältig auf das Kritikgespräch vorbereitet, um erfolgreich seinen Standpunkt zu vertreten. Er hat im Einzelnen überlegt,

- worin der genaue Fehler des Mitarbeiters besteht
- weshalb es dazu gekommen ist
- zu welchen negativen Auswirkungen die schwache Leistung geführt hat oder welche sie hätte auslösen können
- wie der Mitarbeiter sich in Zukunft zu verhalten hat.

*2. Fall:*
Wenn der Vorgesetzte wirklich Fragen an seinen Mitarbeiter stellt, sind diese manipulierender Art; er gibt die Antworten bereits vor. Wesentliche Ursache für diese Vorgehensweise ist Unsicherheit. Der Vorgesetzte will auf jede Eventualität vorbereitet sein, auf keinen Fall durch einen Vor- oder Einwand überrascht werden.

Im ersten Fall erkennt der Vorgesetzte nicht von sich aus, dass sein Redeanteil viel zu hoch ist. Oft führt er sogar zur Verteidigung an, dass er Fragen gestellt habe, um den Gesprächspartner zum Mitdenken zu veranlassen, aber dieser passiv geblieben sei.
Anders ist das bewusste Vorgehen im zweiten Fall. Der Vorgesetzte strebt konsequent an, den Mitarbeiter nicht zu Wort kommen zu lassen, nach der Devise: „Wenn ich rede, kann mein Gegenüber dies nicht gleichzeitig tun", was bereits das hierarchische Gefälle und die Höflichkeit gebietet.
Auch bei der zweiten Vorgehensweise liegt die Ursache wieder in der Furcht vor dem Widerstand des zu kritisierenden Mitarbeiters.

Die Vorgesetzten übersehen einen wichtigen psychologischen Tatbestand: Durch einen Monolog kann die Führungskraft nur überreden, Überzeugung setzt dagegen einen lebendigen Dialog voraus.

## 8.2 Passivität als Methode zur Gesprächsverkürzung

### 1) *Die Einstellung zahlreicher Mitarbeiter*

Sie wollen das unangenehme Kritikgespräch so schnell wie möglich hinter sich bringen. Wenn Sie selbst nichts sagen, aber den vom eigenen Fehler Überzeugten mimen, muss der Vorgesetzte schon bald das Gespräch beenden, weil er all seine Munition verschossen hat. Ein Mitarbeiter kann das Gespräch noch weiter verkürzen, wenn er offen dokumentiert, dass er seinen Fehler eingesehen hat. Was will ein Vorgesetzter mehr?

### 2) *Die notwendige gesunde Skepsis der Führungskraft*

Wenn ein Mitarbeiter bis zur Fehlerdarstellung des Vorgesetzten im Kritikgespräch glaubt, richtig gehandelt zu haben, ist es sehr unwahrscheinlich, dass wenige Worte seines Chefs genügen, um ihn von der Fehlerhaftigkeit des bisherigen Verhaltens zu überzeugen. Der Normalfall wird sein, dass die Argumentation der Führungskraft dem Mitarbeiter Anstöße gibt, seine Vorgehensweise kritisch zu hinterfragen. Einsicht ist üblicherweise das Ergebnis eines Prozesses und keine Augenblickshandlung. Diese Entwicklung muss der Vorgesetzte konsequent verfolgen und eingreifen, wenn sie stockt.

Bei meinen ersten Kritikgesprächen als junger Abteilungsleiter hatte ich mit einer berufserfahrenen Stellvertreterin zu tun. Ich bereitete mich deshalb sorgfältig auf das Gespräch vor und erwog jedes Pro und Contra. Es kam jedoch ganz anders, als ich erwartet hatte, und ich fühlte mich zunächst überfahren. Als ich mit meinem Kritikgespräch beginnen wollte, ergriff meine Stellvertreterin sofort das Wort mit diesem Inhalt ihrer Ausführungen:

a) Ich weiß, weshalb Sie mich zu sich gebeten haben
b) Folgender Fehler ist mir unterlaufen...
c) Das ist mir deshalb passiert...
d) und hätte diese negativen Auswirkungen haben können bzw. hat der Leistungsmangel auch gehabt
e) In Zukunft werde ich so vorgehen und damit richtig handeln
f) Mein Fehler tut mir leid.

Ich stimmte zunächst den Gedanken meiner Mitarbeiterin zu, etwas verärgert, weil sie mir meine sorgfältig geplante Rede vorweggenommen hatte, wusste aber nicht, was ich anders tun sollte, bis ich die Situation überdachte.

Das Ganze war eine gut inszenierte Show. Beim nächsten Fall ging ich zum Gegenangriff über:

„Wenn Sie gewusst haben, dass Ihr Vorgehen falsch war, weshalb haben Sie dennoch so gehandelt?" so meine Rede. Noch leichter fiel die Argumentation selbstverständlich, wenn sie als „Wiederholungstäterin" auftrat. Dann konnte ich auf ihre eigenen Worte nach dem ersten Fehlverhalten verweisen. In Zukunft unterließ meine Stellvertreterin ihre jetzt zum Misserfolg verurteilte Taktik.

## 8.3  Verbesserte Selbsterkenntnis als Gesprächsziel

1) Der Vorgesetzte kann einen Mitarbeiter nicht bei jeder Tätigkeit sorgfältig beobachten, noch nicht einmal jedes Arbeitsergebnis kontrollieren. Er muss daher den Mitarbeiter dazu anleiten, eine gewissenhafte Selbstkontrolle durchzuführen, statt sich auf die Fremdkontrolle des Chefs zu verlassen. Das geschieht seit vielen Jahren bereits in Japan erfolgreich und entspricht auch dem Wunsch vieler Deutscher, die eigene Arbeit möglichst selbstständig erledigen zu dürfen.

2) *Das Kritikgespräch muss in jeder Phase ein Dialog sein*
*1. Schritt:*
Im Anschluss an jede wichtige Arbeit fragt der Vorgesetzte nach der Stärken-Schwächen-Analyse des Mitarbeiters, also nicht nur, wenn der Chef annimmt, dass sein Mitarbeiter die gestellte Aufgabe nicht makellos gelöst hat. Er erwartet, dass der Mitarbeiter jedes Urteil durch exakte Beobachtungen begründet.
*2. Schritt:*
1. Alternative:
Der Mitarbeiter gibt Schwächen zu.
2. Alternative:
Er erkennt keinen Fehler.
In diesem Fall muss der Chef von sich aus auf kritische Ergebnisse hinweisen, um den Mitarbeiter zum vertieften Nachdenken zu veranlassen.
*3. Schritt:*
Welche Ursachen sieht der Mitarbeiter als Entstehungsgründe an:
• als konkret auslösend
  und
• als Hintergrund (=die eigentliche Ursache)?
*4. Schritt:*
Wie hat sich das Fehlverhalten negativ ausgewirkt?
bzw.
wenn der Mitarbeiter selbst oder eine andere Person rechtzeitig negative Folgen verhindert hat:
Welche hätte der Fehler haben können?

*5. Schritt:*
Wie stellt sich der Mitarbeiter die konkrete Problemlösung vor?
Kann er die Arbeit allein leisten
oder
benötigt er Hilfe, wenn ja, von wem und wie intensiv?
*6. Schritt:*
Lässt sich der Fehler in Zukunft generell verhindern?
Jeden der sechs Schritte leitet der Vorgesetzte durch eine oder mehrere offene
W-Fragen ein. Der Schwerpunkt der Fehleranalyse und -beseitigung liegt auf
Seiten des Mitarbeiters. Der Vorgesetzte muss jedoch wie der griechische Philo-
soph Sokrates die Hebammenmethode anwenden, d.h. den Mitarbeiter durch
gezielte Fragen in die Kunst der Selbsterkenntnis einführen. Der Redeanteil der
Führungskraft beschränkt sich auf

- die zu stellenden Fragen,
  ggf. mit notwendigen Zusatzerläuterungen.
- verstärkende positive Kommentare
  oder kritische,
  wenn die angestrebte Selbsterkenntnis stockt.

*7. Schritt:*
Sachliche und/oder persönliche Zielvereinbarung,
die der Mitarbeiter sofort umsetzen muss
oder
in angemessenen Phasen bis zum bestimmten Endtermin.
Der Dialog im Kritikgespräch hat das einzige Ziel, den Mitarbeiter zu befähigen,
seine Aufgabe in Zukunft besser zu lösen. Es geht um Personalentwicklung; der
Fehler stellt dazu nur den geeigneten Aufhänger dar.


### 8.4    Generelle Hilfen zur genauen Selbsterkenntnis

1) *Die absolute Notwendigkeit einer zutreffenden Selbsterkenntnis*
Der kooperative Führungsstil hat zum Inhalt, dass der Vorgesetzte Schritt für
Schritt alle delegierbaren Aufgaben zur Selbsterledigung an den Mitarbeiter
übergibt. Immer wieder ist zu entscheiden, ob der Mitarbeiter eine für ihn neue
Aufgabe meistern kann oder daran scheitern wird. Dabei kommt es nicht allein
darauf an, dass der Vorgesetzte das Potenzial des Mitarbeiters zutreffend
erkennt und entsprechend fördert, sondern wesentlich, dass der Mitarbeiter
selbst weiß, was er leisten kann und wo ihm Grenzen gesetzt sind. Das kann er
als unmittelbar Betroffener rascher und genauer als sein Chef.
Das entsprechende systematische Training sollte bereits am ersten Arbeitstag
eines Auszubildenden beginnen und darf bis zum Ausscheiden aus dem Betrieb
zu keiner Zeit unterbrochen werden.

## 2) *Das Erlernen des detaillierten und umfassenden Beobachtens*

Mehr oder weniger zufällig erkennt ein Mensch ohne entsprechendes Training bei sich selbst oder anderen etwas Auffälliges. Ob dies geschieht, ist davon abhängig, wieweit der Beobachter engagiert ist, weil ihn ein Verhalten besonders anspricht, verärgert oder sogar abstößt.

Er ist also nicht neutral bei der Beobachtung, sondern subjektiv sehr beteiligt. Alles, was ihn weniger stark bewegt unterbleibt, also die weitaus meisten Beobachtungen.

## 3) *Vermischung von Beobachtung und Beurteilung*

Als klare Folge des persönlichen Engagements trennt der Mensch nicht exakt zwischen

a)  einer Beobachtung

und

b)  der sich daraus ergebenden Bewertung.

*Klassisches Beispiel:*

„Sicheres Auftreten" halten die meisten Menschen für eine Beobachtung, obwohl es ein Leichtes ist, nachzuweisen, dass es sich um Schlussfolgerungen aus wirklichen Beobachtungen handelt, z.B.:

- Blickkontakt
- ausdrucksstarke Mimik
- Gestik
- flüssige Sprechweise
- lautes und deutliches Reden
- angemessenes Tempo, so dass der Zuhörer allem gut folgen kann
- keine Verlegenheitslaute, -wörter, -handlungen.

Es bedarf eines harten und intensiven Trainings, um konsequent Beobachten und Bewerten voneinander trennen zu können.

## 4) *Schlussfolgerungen für die Zukunft*

Die nächste und schwerste Hürde ist, von einer gegenwärtig beobachteten und bewerteten Situation auf eine zukünftige zu schließen.

*Beispiel:*

Ist eine gute Fachkraft auch fähig, Menschen zu führen, was sie bisher noch nicht getan hat?

Der positive oder negative Rückschluss erfolgt stets unter Unsicherheitsfaktoren, die sich niemals ausschließen lassen, aber anhand bestimmter Indizien kann die Möglichkeit zum Fehlurteil stark eingeschränkt werden.

a)  Wie gut hat der Mitarbeiter bisher

- Auszubildende
- Praktikanten

- neue Kollegen

in die Arbeitsgruppe und ihre Tätigkeit eingeführt?

b) Wie verständlich erläutert der Mitarbeiter Laien seine Aufgabe?

c) Hat er in Abwesenheit des Vorgesetzten diesen vertreten,
wenn ja, wie gut ist ihm dies gelungen?

d) Wie kooperativ arbeitet er mit anderen zusammen?

e) Ist er entscheidungsstark oder -schwach?

# 9.   Das Heranführen an selbstkritisches Grundverhalten

## 9.1   Die positive oder negative Vorgeschichte des Mitarbeiters

### 1)  *Der Mitarbeiter, kein unbeschriebenes Blatt*

Auch wenn ein Mitarbeiter schon mit 16 Jahren zum frühestmöglichen Zeitpunkt als Auszubildender in den Betrieb eintritt, hat er bereits ein Bild von sich selbst entwickelt. Das kann sich, entsprechend der unterschiedlichen individuellen Vorgeschichte, für das Training zur Selbsterkenntnis massiv positiv oder negativ auswirken.

### 2)  *Positive Vorgeschichte*
z.B.:

- Die Akzeptanz durch beide Elternteile
- Ein harmonisches Elternhaus
- Das Aufwachsen in einer Geschwisterschar mit nicht zu großen Altersabständen, so dass alle miteinander spielen konnten.
- Klare, aber dennoch situationsgemäß flexible Erziehungsnormen der Eltern mit rechtzeitiger und konsequenter Anleitung zu selbstständigem Handeln und dem Tragen der Verantwortung dafür.

### 3)  *Negative Indizien*
z.B.:

- Einzelkind oder vergleichbare Situation bei Geschwistern mit großem Altersunterschied
- Sehr ehrgeizige Eltern
- Eine Position zwischen sich hart bekämpfenden Elternteilen
- Heimerziehung
- Einseitige intellektuelle Förderung

### 4)  *Notwendiges Wissen des Vorgesetzten*

Will ein Vorgesetzter ernsthaft Mitarbeiter zu einer angemessenen Selbsteinschätzung anleiten, muss er durch intensive Beobachtungen und Gespräche und eine positive zwischenmenschliche Beziehung genügend über ihre individuelle Vorgeschichte wissen. Dazu ist nicht nur ein positives Menschenbild und die

Fähigkeit, Gespräche zur Persönlichkeitserkundung führen zu können, Voraussetzung, sondern auch eine Begrenzung der ihm unterstellten Arbeitsgruppe auf maximal zwölf Mitarbeiter, mit denen er häufig genug im betrieblichen Alltag zu tun hat.

## 9.2 Das Sich-bewusst-Werden der eigenen Stärken und Schwächen

### 1) *Die übliche Situation im Betrieb*

Fast alle einstellenden und deshalb auch auswählenden Vorgesetzten kennen das Phänomen aus Bewerberinterviews, dass die Kandidaten sich überfordert fühlen,

- ihre Stärken und Schwächen spontan zu nennen
- ihre Entscheidungen sachlich überzeugend zu begründen.

Fehlanzeigen ergeben sich auch, fragt man als Seminarleiter in einem Verhaltenstraining die Teilnehmer danach, welche Stärken und Schwächen ihr unmittelbarer Vorgesetzter bei ihnen sieht. Können sie wenigstens eine oberflächliche Antwort geben, haben sie Probleme zu begründen, auf welche Tatsachen ihr Vorgesetzter sein Urteil gestützt hat.

Kaum genauer sind die Ergebnisse, wenn in einem Betrieb regelmäßig in Ein- oder Zweijahresabständen alle Mitarbeiter beurteilt werden. Es fehlt häufig an der notwendigen Ernsthaftigkeit auf beiden Seiten – man arbeitet für die Personalakte – und beschränkt sich auf das meist zu positive Ankreuzen bei den einzelnen Beurteilungskriterien. Im Gespräch im Anschluss an die Beurteilung bleiben beide bei vordergründigen Überlegungen zu Plus- und Minuspunkten.

*Das Fazit:*

In der Regel findet im Betrieb keine Anleitung zu einem selbstkritischen Grundverhalten statt.

### 2) *Die günstigere Situation in Lebensgemeinschaften?*

Ein entscheidendes Hindernis stellt wie im Betrieb das viel zu starke Harmoniebedürfnis auf Kosten der Wahrheit und der Hilfe dar. Bei unseren Persönlichkeitserkundungsgesprächen, auch außerhalb des betrieblichen Rahmens, z.B. in Zügen, zeigt sich, dass kaum grundlegende Gespräche stattfinden. Die Frage danach, weshalb ein Partner sich für diesen Lebensgefährten entschieden hat, wird oberflächlich beantwortet und damit nur vordergründig.

### 3) *Die generellen Ursachen für mangelhafte Rückmeldungen*
### a) Die Fähigkeit zur Führung der notwendigen Gespräche

Es ist leicht zu plaudern oder spontan zu kritisieren – begründetes und damit ernsthaftes Lob erfolgt selten –, aber es verlangt viel Offenheit und eine hohe Gesprächsdisziplin, ein Grundsatzgespräch zu führen und damit dem Verhalten eines Menschen auf den Grund zu gehen. Dafür fehlt angeblich die Zeit.

Darüber hinaus gibt es nicht wenige Lebensgefährten, die weder den Partner „erziehen" wollen noch von ihm „erzogen werden" wollen.

Hier wird der Begriff „Erziehen" falsch verwandt. Erziehen bedeutet bei Kindern, Jugendlichen und Erwachsenen die Formung des anderen in bestimmter Hinsicht, die der Erziehende festlegt. Das ist nicht das Ziel der Anleitung zur Selbsterkenntnis und darf es auch nicht sein!

Es könnte eine Auswirkung in erzieherischer Hinsicht geben, wenn der eine Partner vom anderen konsequent den Abbau bestimmter Schwächen verlangt. In diesem Sinne könnte auch ein Hilfsangebot gedeutet werden.

*Beispiel:*

Der Lebensgefährte hat bestimmte positive Aspekte bei sich bisher nicht deutlich genug wahrgenommen oder sogar überhaupt nicht, z. B. weil er seine gelobte Stärke für selbstverständlich hält, dass er sich durch sein ausgleichendes und angeglichenes Verhalten auszeichnet und damit dem Partner ein wunderschönes Ausruhen ermöglicht. So weit handelt es sich um kein erzieherisches Bemühen, sondern um eine wichtige, weil die Persönlichkeit stabilisierende Rückmeldung.

Der so Gelobte muss sich bei einer Firma vorstellen, um dort einen Arbeitsplatz zu erhalten. Der Partner rät ihm eindringlich, die Fähigkeit des Ausgleichens und sein ausgeglichenes Verhalten im Einstellungsgespräch als besondere Stärke zu nennen. Dieser weigert sich, weil er sich nicht anpreisen will. Bei diesem Beispiel liegt ein erzieherisches Bemühen des Lebensgefährten vor, zu erreichen, dass der andere sich im Einstellungsgespräch so verhält, wie er es als richtig ansieht.

b) **Die Furcht vor Streit wegen eines zu starkem Harmoniebedürfnisses**

Es kann bei einem Grundsatzgespräch auch im privaten Lebensraum zu folgenden Problemen kommen:

- Streit über die Frage, ob ein bestimmtes Verhalten eine Stärke oder Schwäche darstellt. Jemand hat diese Vorgehensweise bisher stets positiv beurteilt, sein Partner dagegen sieht sie klar als Schwäche. Einigkeit kann dennoch darüber bestehen, dass das gemeinsam festgestellte Verhalten zu den herausstechenden persönlichen Eigenschaften zählt.

- Im betrieblichen Verhaltenstraining geschieht es immer wieder, dass der Betroffene bei einer Analyse überrascht äußert:

„Das hat meine Frau oder das haben meine Kinder bei mir auch schon festgestellt, nach meinen jetzigen Beobachtungen scheint das wirklich zutreffend zu sein."

Der Mitarbeiter könnte bereits eine angemessene Selbsteinschätzung haben, hätte er die meist negativen Beobachtungen von daheim ernst genommen. Das tut er aber erst, nachdem ein Dritter, der Trainer, mit ihm gemeinsam Ähnliches beobachtet hat. Wie sagt man so schön:

„Der Prophet gilt nichts im eigenen Haus!"

Weshalb sollen die Verwandten eine Rückmeldung geben, wenn sie dies bisher immer ergebnislos getan haben?

Die fast sichere Folge:
Selbstüberschätzung

- Hilfe, auch die sehr wertvolle zur besseren Selbsteinschätzung, gilt als unberechtigter Eingriff in die eigene Freiheit. „Gut", sagt sich der Partner, „dann lasse ich es eben!"

### c) Selbsterkenntnis erst nach Niederlagen

Wenn ein Mensch einen Fehler begangen hat, besonders, wenn es sich um ein schwerwiegendes Versagen handelt, ist er gezwungen, über sich nachzudenken. Das wird erst recht der Fall sein, wenn er heftig kritisiert wird.

Gute eigene Leistungen dagegen werden nur selten gelobt und auch der Betroffene selbst hält sie häufig für selbstverständlich, weil sie es für ihn auch sein können, aber nicht z. B. im Vergleich mit Kollegen.

Die problematischen Auswirkungen:

- Der Mitarbeiter nennt spontan diese Schwäche, wenn er danach gefragt wird, vor allem, wenn das entsprechende Ereignis noch nicht lange zurückliegt
- Er hat jedoch Schwierigkeiten, überzeugend und ebenso rasch seine Stärken zu nennen und zu begründen.

### d) Selbstüberheblich ohne notwendige negative Rückmeldung

Manche Menschen haben ein Bild von sich aufgebaut, das viel positiver ist als es der Wirklichkeit entspricht. Jede Kritik, auch die geringste, weisen sie sofort und sehr energisch zurück, nicht selten mit massivem Gegenangriff. Die meisten Menschen wollen ihren Frieden haben und unterlassen daher in Zukunft die erforderliche Kritik. Oft sagen sich Vorgesetzte:
„Mit dem behänge ich mich nicht!"

Der Selbstüberhebliche weiß sich häufig im Betrieb gut zu verkaufen. Mit den Ellenbogen schiebt er Mitbewerber, die zarter besaitet sind, zurück und steigt immer höher in der Hierarchie. Deshalb und weil notwendige Kritik an seinem Verhalten unterbleibt, hält der Betroffene die eigene Selbsterkenntnis für zutreffend, bis irgendwann die Stunde der Wahrheit schlägt, dann sicher sehr hart. Er hat die Stufe der Unfähigkeit erreicht. In dieser furchtbaren Situation kritisiert er die engsten Mitarbeiter und Kollegen, weil sie ihn nicht rechtzeitig durch entsprechende Kritik gewarnt haben.

### e) Die Problematik des mangelnden Selbstbewusstseins

Nicht wenigen Menschen fällt es z. B. bei Einstellungsgesprächen sehr schwer, dem Auswählenden zu verdeutlichen, weshalb er sich für sie statt für einen Mitbewerber entscheiden soll. Entweder können sie keine wesentlichen Stärken nennen oder sie halten eine entsprechende Fähigkeit für selbstverständlich bzw. verschlechtern ihre positive Aussage durch negative Nebenwirkungen.

*Beispiele:*
- Hilfsbereitschaft mit der negativen Anmerkung,
  dass sie nur ihr besonderes Können demonstrieren oder den anderen zu sehr bevormunden wollten
- Hoher Einsatz mit dem Kritikpunkt,
  wann dessen Grenze erreicht ist
- Hervorragendes fachliches Können mit dem Hinweis,
  was man alles noch nicht zu leisten vermag.

Für das unterentwickelte Selbstbewusstsein sind bestimmte Erlebnisse in der Vergangenheit maßgeblich, z. B.:
- Ausgesprochen autoritäre Behandlung im Elternhaus, in der Ehe, im Betrieb
- Vorgesetzte, die nach dem Leitsatz handeln:
  „Sollte ich Sie einmal nicht kritisieren, dann fühlen Sie sich gelobt!"

Der Grund für die ständige Kritik waren viel zu hohe Anforderungen an sich selbst und ohne Abstriche auch an die Mitarbeiter.

Hat ein Mitarbeiter nicht bereits zuvor ein angemessenes Selbstbewusstsein entwickeln können, wird er nie lernen, seine Stärken zu erkennen und auszubauen. Er ist sich immer nur bewusst, wozu er nicht fähig ist.


## 9.3 Widerstände gegen das Überdenken der eigenen Selbsteinschätzung

### 1) *Die Ablehnung der Beschäftigung mit sich selbst*

Viele Menschen leben in den Tag hinein, verrichten ihre gewohnten Arbeiten mehr oder weniger stark engagiert, ohne das eigene Tun und das ihrer Vorgesetzten kritisch zu hinterfragen. Sie wollen bei diesem Lebensstil auch nicht gestört werden, um das anstrengende Geschäft der Selbstanalyse zu betreiben.

Es handelt sich jedoch nicht nur um Bequemlichkeit, sondern sie ahnen, dass sie folglich lieb gewonnene Einstellungen modifizieren oder gänzlich verändern müssen.

Will der Vorgesetzte sie dennoch dazu veranlassen, wenden sie im Gespräch alle möglichen „Tricks" an, um der Analyse auszuweichen, z. B.
- retten sie sich in Detaildiskussionen
- eröffnen sie Nebenkriegsschauplätze
- veranlassen sie den Chef, gemeinsam mit ihnen solidarisch gegen Dritte vorzugehen
- führen sie mit ihm Grundsatzgespräche.

Es bedarf bei dem Vorgesetzten
- Zähigkeit und Durchhaltevermögen
- festen Willen, in die Selbstanalyse auf jeden Fall einzutreten
- der souveränen Beherrschung der Fragetechnik.

## 2) Die Versuche des Mitarbeiters im Einzelnen

a) Es geht um die konkrete Beseitigung von Fehlern. Dabei will der Mitarbeiter bereitwillig mitarbeiten; Hintergründe sind nur hilfreich, wenn sich die Problematik nachweislich nicht anders lösen lässt.

b) Was gehen den Vorgesetzten Tatbestände an, die
- vor seinem Wirken in dieser Arbeitsgruppe liegen?
- sich auf den privaten Lebensbereich beziehen?

c) Beide arbeiten unter starkem Termindruck und haben deshalb nicht die Zeit, in die langwierige notwendige Hintergrunddiskussion einzutreten.

d) Die Problematik hat so viele Aspekte, dass die Analyse unabwendbar unvollständig bleiben wird und damit unbefriedigend.

e) Der Frontalangriff des Mitarbeiters:
„Ich wusste nicht, dass Sie so unzufrieden mit mir sind!"
Dieser Behauptung widerspricht ein Vorgesetzter sofort, weicht aber zugleich auch der Grundsatzdiskussion aus.

## 3) Das richtige Verhalten der Führungskraft

Zu a)
Die konkrete Beseitigung des Leistungsmangels ist nur ein „Herumdoktern" an dem Phänomen, kann aber keine endgültige Lösung sein. Früher oder später wird sich der Fehler wiederholen.

Zu b)
Der Vorgesetzte darf außerbetriebliche Ursachen auf keinen Fall von sich aus im Gespräch anschneiden. Besonders verhängnisvoll sind Bemerkungen wie:
- „Ich habe gehört, dass es in Ihrer Ehe kriselt"
- „Man hat mir zugetragen ..."
- „An welches private Problem denken Sie als Ursache?"

Der Chef kann nach der Ursachenerforschung nur sagen: „Es ist zu keiner Änderung bei
- Ihrer Arbeit
- Ihren Kollegen
- den Rahmenbedingungen

gekommen. Ich kann mir deshalb nicht erklären, was Ihren plötzlichen Leistungsabfall veranlasst hat? Haben Sie eine Erklärung dafür?"

Zu c)
Der Vorwand des Mitarbeiters erinnert an die Geschichte mit dem Holzfäller:
Ein Mann geht durch einen Wald und sieht dabei einen Holzfäller, der sich mit einer unscharfen Axt abmüht, einen Baum zu fällen. Darauf sagt er zu dem Forstarbeiter: „Sie müssen unbedingt Ihre Axt schärfen!"

Der andere:

„Das habe ich mir auch schon gedacht, aber leider habe ich keine Zeit dafür!"
Zeit hat der Mensch für alles, was er wichtig nimmt! Schiebt er dagegen eine
notwendige grundsätzliche Lösung vor sich her, wird er unverhältnismäßig viel
Zeit verlieren, wie der Holzfäller, weil sein Werkzeug für die Aufgabe nicht
mehr geeignet ist.

Zu d)

Das ist die These der Perfektionisten oder – was bedeutend wahrscheinlicher ist
– das bloße Ausweichen vor der Aufgabe. Außer bei ganz simplen Tatbeständen
lässt sich diese Überlegung überall verwenden. Die Forderung an den Vorgesetzten und seine Mitarbeiter lautet:
Alle Aspekte lassen sich niemals beachten. Sie müssen also klare Prioritäten
setzen. Dabei können sie überfordert sein oder es besteht Entscheidungsun-
fähigkeit; denn fast jeder Beschluss muss unter einem gewissen Maß an
Unsicherheit erfolgen oder er geschieht nie!

Zu e)

Der Vorgesetzte ist nicht generell unzufrieden mit diesem Mitarbeiter, sondern
mit bestimmten, ganz konkreten Arbeitsergebnissen, um deren rasche Beseitigung es geht. Der zu kritisierende Fehler lässt sich aber kaum gänzlich von
anderen Verhaltensweisen trennen. Eine bestimmte fachliche Schwäche oder ein
grundlegendes Fehlverhalten kann verschiedene Mängel auslösen, die zu diesem
Zeitpunkt noch nicht aufgetreten sind. Mit der Bewältigung der eigentlichen
(=wahren) Ursache lösen sich alle entsprechenden Probleme.

## 9.4    Hilfen zur Selbsthilfe

### 1) *Ziele der Selbsthilfe*
a) Der Mensch muss lernen,
   andere Personen
   - detailliert
     und
   - umfassend
   zu beobachten, also sich auf das zu konzentrieren, was er nur mit den Sinnen
   wahrnimmt:
   - das Gehörte
   - das Gesehene
   weniger auch
   - das Gerochene.

b) Er hat deutlich zu unterscheiden zwischen
- Begründungen für das Gesehene und Gehörte
- Wertungen daraus (= Beurteilungen)
- Prognosen (= Schlussfolgerungen für die Zukunft)
c) Gleiches wie a) und b) muss er an sich selbst durchführen.

## 2) *Die Kunst des genauen Beobachtens*

a) Typische Beobachtungsfehler

- Konzentration auf bestimmte Beobachtungen,
abhängig von dem, was ihn als Beobachter positiv oder negativ besonders bewegt. Diese Beobachtungen sind punktuell, erfassen also nicht die Breite dessen, was zu beobachten ist, was wiederum häufig zu fehlerhaften Beurteilungen und Prognosen führt.
- Die Beobachtungen bleiben zu oberflächlich und sind zu wenig detailliert, eine typische Folge des fehlenden Trainings.
*Beispiel 1:*
Er benimmt sich normal.
Was heißt normal?
Worauf bezieht sich diese Aussage:
Sprache, Sprechweise, Körpersprache, Argumentation?
Beispiel 2:
Die Ausführungen waren interessant.
Bezieht sich diese Aussage auf
das Thema, die Inhalte, die Art der Darstellung?
Wann ist etwas „interessant"?
- Der Mensch erkennt nicht, dass das von ihm angeblich Beobachtete in Wirklichkeit bereits den Charakter einer Beurteilung hat.
Beispiel:
Der Mitarbeiter ist aggressiv.
Diese Beurteilung kann auf sehr unterschiedliche Beobachtungen zurückgehen:
- scharfe Sprechweise
- fixierender Blickkontakt
- angespannte Körperhaltung
- ausgreifende Gestik
- harte Formulierungen
- keine Verlegenheitslaute, -wörter, -bewegungen
- erhöhte Lautstärke

Mit den Beobachtungsfehlern treten verbale Probleme auf. Mehrere Personen sehen die gleiche Situation, aber nach den Beschreibungen scheinen sie Unterschiedliches gesehen und gehört zu haben, da ihre sprachlichen Fähigkeiten ungleich ausgeprägt sind.

- Die Beobachtungen erfolgen unter einer bestimmten Zielsetzung und sind daher so eng, dass sie später für andere Zwecke nicht mehr verwendet werden können.

b) Unsere Verhaltenstrainings haben ergeben, dass bestimmte Berufsgruppen genauer beobachten als die meisten anderen z.B.

- Polizisten
- Erzieher
- Sozialarbeiter
- Psychologen
- aber auch Chefsekretärinnen.

Das ist ein Ergebnis jahrelanger Berufserfahrung, z. B. bei Sekretärinnen, oder auch das Resultat eines gezielten theoretischen Unterrichts bzw. praktischer Unterweisung. Nicht selten mussten wir jedoch besonders bei diesen Zielgruppen feststellen, dass der guten Fremd- keine gleich gute Selbstbeobachtung entspricht.

c) Der Zusammenhang zwischen Fremd- und Selbstbeobachtung
Wer sich selbst nicht genau genug kennt, wird häufig Beobachtungsfehler, die auf eine persönliche Vorprägung zurückgehen, nicht bemerken.

*Beispiele:*

- Das äußere Erscheinungsbild gilt als wesentlich oder unwichtig
- Jemand bewundert die sprachlichen Fähigkeiten einer Person und beobachtet zu oberflächlich, was diese inhaltlich sagt
- Der Beobachter hat bestimmte Signale für sicheres Auftreten festgestellt, ohne auf andere wichtige Aspekte zu achten, die unter Umständen mit diesem Ergebnis nicht stimmig sind.

d) Das systematische Training des Beobachtens
Wiederholt – mindestens zwei Tage hindurch – muss der zu Schulende zusammen mit Kollegen, aber bei den Beobachtungen unabhängig von ihnen, unter Anleitung eines Trainers, anhand von Videoaufzeichnungen oder Lehrfilmen alles das bei sich erkennen lernen, was das richtige Beobachten gefährdet.

### 3) *Das Trennen des Beobachtens von Begründungen*
**a) Das emotionale Handeln des Menschen**
Da der Mensch kein Roboter ist, gibt es bei ihm keine Handlungsweise, die ohne Emotionen abläuft, jedes Verhalten bleibt deshalb subjektiv. Es kann daher in einem Training nur darum gehen, subjektive Momente möglichst stark zu beschränken.

b) Beobachtet der Mensch, so hängt damit zusammen, ob er die betreffende Person z. B. sympathisch oder unsympathisch findet. Diese Wertung geschieht sehr schnell, oft bereits nach wenigen Minuten oder noch rascher auf Grund einer einzigen Beobachtung.

*Beispiele:*
- Die Figur
- Das äußere Erscheinungsbild
- Der Händedruck bei der Begrüßung
- Die Mimik des anderen

Mit der – oft unbewussten – Wertung sieht der Mensch eine Beobachtung nicht mehr neutral wie eine Kamera, sondern er verbindet damit
- eine Unterstellung, d. h. was den anderen angeblich zu seiner Handlungsweise veranlasst hat.
- eine positive oder negative Haltung.
- eine Entschuldigung dafür, dass die beobachtete Person etwas tut, was nicht positiv beurteilt werden kann.
- Hintergründe, die zwar die spätere Bewertung unter Umständen beeinflussen dürfen, nicht aber die Beobachtung selbst.

### c) Notwendige Gegenmaßnahmen

Der Trainer, später der Mitarbeiter selbst, muss konsequent hinterfragen, ob das, was der Lernende als Beobachtung beschreibt, wirklich gesehen und/oder gehört worden ist. Diese Prüfung kann man am sichersten vornehmen, wenn er alles „Beobachtete" schriftlich fixiert und jede Aufzeichnung genau analysiert. Es ist sehr schwer, dabei sachgerecht vorzugehen, wenn der eigenen Kontrolle kein systematisches Training vorangegangen ist. Dabei erfährt der Beobachter, worin seine persönlichen (=individuellen) Probleme bestehen.

### 4) *Beurteilungsfehler und deren Abbau bzw. Verringerung*

An dieser Stelle kann es nicht um Beurteilungsfehler gehen, die entstehen, wenn ein Vorgesetzter
- anhand bestimmter Kriterien eines speziellen Systems mit einer Einstufungsskala Mitarbeiterleistung und -verhalten aus Anlass oder in regelmäßigen Zeitabständen beurteilt.
- überhaupt unterstellte Personen beurteilt.

Es geht um das eigene
- Wissen,
- Können und
- Verhalten.

### Typische Beurteilungsfehler in diesem Fall sind:

- *der Mildefehler*

  Der Beurteiler sieht das eigene Tun bedeutend positiver, als wenn er andere Menschen bei gleichen Beobachtungen einschätzen würde.

  Das Anspruchsniveau ist entweder viel zu hoch oder viel zu niedrig, auf keinen Fall angemessen.

- *der Strengefehler*
  Es handelt sich um eine ehrgeizige Person, die mit ihrem bisherigen Können und Verhalten nicht zufrieden ist, weil sie noch mehr erreichen will. Dabei ist wichtig, ob es sich um viel zu hohe Ziele handelt oder um realistische (=grundsätzlich erreichbare), aber hohe.
- *der Mittefehler*
  Er entsteht, weil der Mitarbeiter sich unzureichend selbst beobachtet hat und deshalb zu wenig Beweismaterial besitzt
  oder
  nicht den Mut zu klaren positiven oder negativen Entscheidungen aufbringt.
- *der Korrelationsfehler*
  Der Mitarbeiter nimmt fälschlicherweise an, dass er, wenn er eine bestimmte Eigenschaft mit einer gewissen Ausprägung hat, auch eine andere besitzt, bei der die gleiche Wertung erfolgen muss.
  Beispiel:
  Wer tüchtig ist, muss noch lange nicht sehr intelligent sein; es kann eine ausgeprägte Cleverness vorliegen.
  Dagegen sind kontaktfähige Menschen stets auch freundliche.
- *der Überstrahlungsfehler*
  Diesen kennen klar über- oder unterdurchschnittliche Schüler besonders genau, weil der gute Schüler nach dem Urteil seiner Lehrer überall gut ist und der schlechte in jedem Fach unterdurchschnittliche Leistungen erbringt. Das insgesamt gute oder schlechte Bild überstrahlt ungerechtfertigter Weise die Ergebnisse in allen Fächern.
- *der Hierarchiefehler*
  Es ist wissenschaftlich erwiesen, dass obere Führungskräfte besser beurteilt werden als untere und Führungskräfte wiederum besser als ihre Mitarbeiter. Der Grund für diesen Fehler liegt in unzulässigen Vergleichen:
  Die obere Führungskraft hat nicht das gleiche Sollprofil zu erfüllen wie die untere, sondern ein anspruchsvolleres. Obere und untere Führungskräfte dürfen jeweils nur untereinander verglichen werden. Das Gleiche gilt für Vorgesetzte und Mitarbeiter.

## Abbau von Fehlern bei der Selbstbeurteilung

- *Zum Mildefehler*
  Der Beurteiler hat ein unterentwickeltes Selbstbewusstsein, weil er entweder wirklich leistungsschwach ist oder durch autoritäre Erziehung oder Führung niemals Selbstbewusstsein entwickeln konnte.
  Entscheidend ist wie beim Strengefehler, dass der Beurteiler sich nach so klaren Sollvorstellungen richten muss, dass ihm kein Interpretationsspielraum bleibt.

- *Zum Strengefehler*
  Es muss sich um ein realistisches Soll handeln, dessen Erreichen in der Möglichkeit des Beurteilers liegt. Sonst kommt es zu Resignation oder klarer Selbstüberforderung mit ggf. massiven gesundheitlichen Folgen.

- *Zum Mittefehler*
  Auf jeden Fall muss die Kunst des Beobachtens in Breite und Tiefe trainiert werden.
  Bedeutend schwieriger zu verbessern ist die Entscheidungsfähigkeit, da dabei eine bestimmte Einstellung vorliegt.

- *Zum Korrelationsfehler*
  Diesen Fehler wird der Beurteiler nicht begehen, wenn er jedes Beurteilungskriterium klar genug von ähnlichen abgrenzen kann.

- *Zum Überstrahlungsfehler*
  Der Beurteiler muss jedes Kriterium für sich beobachten und beurteilen.

- *Zum Hierarchiefehler*
  Das unterschiedliche Anforderungsprofil, z. B. zwischen Vorgesetzten und Mitarbeitern, muss deutlich bestehen und dem Beurteiler selbst entsprechend klar sein.

# 10. Die schwierige Kritik an Einstellung und Verhalten

## 10.1 Der wesentliche Unterschied zwischen Einstellung und Motivation

1) *Einstellung*
Sie besteht in einer grundsätzlichen Haltung gegenüber
- sich selbst.
- anderen Menschen.
- Werten.
- Gegenständen.

Mit dieser Basis kann ein Mensch sicher reagieren und handeln.
Wichtig ist zu wissen, auf welche
- genetischen
  und
- anthropologischen Wurzeln,

also auf welche erbmäßig bedingten und anerzogenen Faktoren, eine Einstellung zurückgeht.
Einzelne Einstellungsmuster können besonders stark verfestigt sein:
- *Vorurteil*
  Es liegt ein Urteil vor, welches besteht, bevor diese Einstellung an der Realität überprüft wird, also existiert kaum eine Möglichkeit zur Korrektur durch Erfahrung.
- *Stereotypen*
  Es handelt sich um eine ungerechtfertigte Verallgemeinerung mit Verlust der notwendigen Differenzierungen, um die Komplexität der realen Umwelt zu vereinfachen. Alle Erfahrungen werden auf ein verfestigtes Vorurteil über sie selbst oder über andere schematisch reduziert.

Einstellung wird auch habituelle Motivation genannt, weil sie für einen Menschen charakteristisch und relativ beständig ist.
Daraus wird bereits deutlich, dass z. B. ein Vorgesetzter die Einstellung eines Mitarbeiters kaum verändern kann.
*Beispiele:*
- Die Selbstachtung des Mitarbeiters, also sein Selbstbewusstsein
- Die soziale Einstellung,
- diejenige zur Arbeit, zur Familie, z. B. Loyalität,
- zu Gegenständen, die das Unternehmen ihm anvertraut.

Wenn überhaupt, vermag ein Vorgesetzter die Grundhaltung eines Mitarbeiters nur zu modifizieren, kann er

- nachhaltig genug und
- über längere Zeit

auf ihn einwirken.

Oft gibt es dagegen utopische Vorstellungen von der Möglichkeit zur Einstellungsänderung.

## 2) *Motivation*

a) Beweggründe für das Handeln oder Nichthandeln eines Mitarbeiters, die sich im Unterschied zur Einstellung aktuell verändern.

b) Es gibt

- die intrinsische
  und
- die extrinsische Motivation.

Erstere wird durch innere Motivfaktoren gesteuert.

*Klassisches Beispiel:*

Befriedigung über eine angemessen fordernde Aufgabe, die der Mitarbeiter selbstständig meistern kann.

Extrinsische Motivation wird allein durch äußere Faktoren beeinflusst.

*Beispiel:*

Finanzielle Belohnung für eine gute Leistung.

c) Die Motive sind abhängig von Normen und Wertvorstellungen, also der Einstellung des Menschen.

d) In Abgrenzung zur Einstellung als habitueller Motivation spricht man bei der Motivation von der aktuellen. Der Vorgesetzte stößt seinen Mitarbeiter immer wieder erfolgreich an, wenn dieser die entsprechende Einstellung besitzt, sonst muss die Führungskraft zwangsläufig scheitern.

## 10.2 Konkretes Versagen oder Auswirkungen einer bestimmten Einstellung

1) Der Vorgesetzte kann nicht jedem Fehler eines Mitarbeiters sofort ansehen, ob dieser

- trotz richtiger Einstellung unterlaufen ist
  oder
- die Auswirkung einer falschen Einstellung darstellt.

Er muss deshalb jeweils prüfen, mit welchem Hintergrund ein Fehler geschehen ist, sonst kann die Kritik nur oberflächlich bleiben.

2) Nur eine Führungskraft, die
- sich ständig im Dialog mit ihren Mitarbeitern befindet
  und
- Gespräche führt, die nicht oberflächlich bleiben,

wird die hinter dem Fehler stehende Einstellung erkennen und damit die eigentliche Ursache.

3) Kritik darf deshalb nicht
- spontan
- nebenbei = zu wenig ernsthaft

ohne
- Klärung der Hintergründe
- aufmerksames Beobachten
- gutes aktives Zuhören

erfolgen.

4) Es wird nur selten geschehen, dass ein Mitarbeiter seine wahre Einstellung offen verkündet; wenn, dann ist Vorsicht geboten, da es sich meist um ein taktisches Manöver handelt: Der Mitarbeiter will sich bei seinem Vorgesetzten Pluspunkte verschaffen. Er weiß, was dort gut ankommt.

5) Viel häufiger erkennt die Führungskraft die wirkliche Einstellung eines Mitarbeiters an Nebenbemerkungen, die diesem unterlaufen, wenn er
- plaudert,
- sich massiv ärgert,
- sich unbeobachtet fühlt.

## 10.3   Die geringe Beeinflussbarkeit von Einstellungen

1) *Eine Einstellung ist in der Regel stabil*
Der Chef kann seinen Mitarbeiter leichter beeinflussen, wenn dieser
- sich als junger Mensch noch in der Entwicklung befindet.
- generell eine labile Persönlichkeitsstruktur besitzt.

Aber in beiden Fällen vermögen auch andere Menschen diesen Mitarbeiter leichter in ihre Richtung zu lenken, die entgegengesetzt zu der des Vorgesetzten sein kann.

2) *Zu geringes Wissen über die Gründe für eine Einstellung*
Sehr viele, oft unterschiedliche Faktoren wirken auf die Einstellung ein, z.B.:
- die gesamte Vorgeschichte,
  besonders in der Kindheit,

- die gegenwärtige Partnerin,
  aber auch deren Vorgängerinnen,
- Inhalt und Zielstellung der Ausbildung,
- Freizeittätigkeiten und -gruppen,
- die religiöse Grundhaltung,
- politische Vorstellungen.

Weiß der Vorgesetzte zu wenig über diese Einflussfaktoren und über die Art und Weise bzw. Stärke ihrer Auswirkungen auf die gegenwärtige Einstellung, wird er nie herausfinden, was den Mitarbeiter bei seinem Tun letztlich bewegt.

### 3) *Die Chance einer Einstellungsmodifizierung*
- Der Mitarbeiter ist unmittelbar unter dem Chef tätig.
- Er arbeitet häufig mit dem Vorgesetzten zusammen,
- das auch in Anwesenheit Dritter,
- zu verschiedenen Tageszeiten
- und bei unterschiedlichen Aufgaben.
- Die Beeinflussbarkeit währt mehrere Jahre.
- Der Vorgesetzte ist eine starke Persönlichkeit,
- vom Mitarbeiter als Autorität akzeptiert,
- hat eine positive Grundeinstellung zu diesem,
- verfolgt eine systematische Personalentwicklung.

## 10.4  Das Angehen der Ursachen statt der Einzelfallbewältigung

1)  Wir nehmen einmal an, dass der Vorgesetzte genügend über den Fehler und dessen Hintergründe weiß. Dennoch ist nicht sicher, ob er deshalb an die eigentlichen Ursachen herangeht, statt nur an den Symptomen herumzudoktern.

### 2)  *Gründe für diese Haltung*
a)  Die Aufgabe ist dem Chef zu anstrengend.
    Er ist daher lieber Feuerwehr (=Trouble-shooter) statt Problemlöser, arbeitet lieber taktisch als strategisch.
b)  Sie ist ihm zu zeitaufwendig.
c)  Er fürchtet heftigen Widerstand des Mitarbeiters und Ärger mit ihm.

### 3)  *Richtige Vorgehensweise*
Zu a)
Der Vorgesetzte übersieht, dass er sich immer wieder mit vergleichbaren Fehlern des Mitarbeiters beschäftigen muss, weil dieser trotz der Kritik des Chefs am konkreten Fehler seine falsche Grundeinstellung unverändert beibehält.

Zu b)

Eine grundsätzliche Lösung benötigt viel Zeit bis die Bemühungen des Chefs erfolgreich wirken, wenn überhaupt. Zählt er jedoch die Zeit für die vielen Einzelfallgespräche zusammen, kann das Resultat ein größerer Zeitaufwand sein.

Zu c)

Das nötige Wissen über die Hintergründe der Fehler kann der Vorgesetzte nur vom Mitarbeiter erfahren, wenn eine gute persönliche Beziehung zwischen beiden besteht, sonst verschließt sich der Mitarbeiter. Deshalb ist der Chef mehr als bei anderen unterstellten Personen moralisch verpflichtet, diesem Menschen zu helfen. Auf Dauer muss dessen falsche Grundeinstellung verhängnisvolle Auswirkungen haben, im extremen Fall das Ausscheiden des Mitarbeiters aus dem Betrieb. Selbstverständlich kann es bei dem Ansprechen der Einstellung und der Forderung nach deren Änderung im Sinne des Unternehmens oder/und der Arbeitsgruppe zu einem sehr heftigen und auch persönlichen Streit kommen. Daran kann die bisher gute persönliche Beziehung zerbrechen. Dieses Risiko muss der Vorgesetzte aber eingehen im Interesse

- des Mitarbeiters selbst,
- seiner eigenen Stellung als Chef des Mitarbeiters,
- der Ziel- und Aufgabenstellung am jeweiligen Arbeitsplatz.

## 10.5  Chancen zur Korrektur oder Trennung

1) *Sachlich zutreffende Abwägung der Erfolgsaussichten*
Der Vorgesetzte darf sich nichts vormachen, z. B.
a)  Ich werde es schon schaffen,
    wenn ich eindringlich auf den Mitarbeiter einwirke.
b)  Er wird intelligent genug sein,
    um zu erkennen, dass es so nicht weitergeht.
c)  Sicher reicht eine Annäherung der Standpunkte schon aus,
    zumindest nach außen muss der Mitarbeiter Entgegenkommen signalisieren.

Zu a)

Es muss die Gelegenheit zur entsprechend starken und häufigen Einflussnahme bestehen. Trotz der guten persönlichen Beziehung zwischen dem Chef und seinem Mitarbeiter liegen bestimmte und wesentliche Einstellungen seit Jahren weit auseinander. Weshalb hat sich der Mitarbeiter bisher nicht an der Einstellung seines Vorgesetzten orientiert?

Daraus lässt sich schließen, dass der Mitarbeiter
- bewusst eine andere Einstellung hat als sein Chef
  oder
- bisher das deutliche Auseinanderklaffen der Einstellungen nicht erkannt hat.

Liegt der erste Fall vor, ist die Chance gering, dass der Mitarbeiter an seiner Einstellung die notwendigen Korrekturen wirklich vornehmen wird, statt diese nur vorzutäuschen, um aus dem „Ärgsten" heraus zu sein.

Im zweiten Fall wird der Mitarbeiter über die Forderung des Vorgesetzten sehr überrascht sein und sich wahrscheinlich Bedenkzeit ausbitten.

Zu b)
Dies ist eine Unterstellung des Chefs, die darauf zurückgehen kann, dass nicht sein darf, was nicht sein soll, also ein unbegründeter Optimismus vorliegt. Der Vorgesetzte geht von der Einsicht und Kooperationsbereitschaft seines Mitarbeiters aus. Auf welche frühere Erfahrung gründet sich diese Vermutung oder liegt nur Schönfärberei vor?

Zu c)
Das ist keine akzeptable Lösung!
Der Mitarbeiter behält seinen falschen Standpunkt bei. Er spielt nur die geforderte Einsicht und der Chef geht in seiner Selbstverleugnung so weit, dass er dieses Verhalten zulässt und damit akzeptiert. Er wird durch diese Reaktion selbst unloyal gegenüber dem Unternehmen. Seine eigene Einstellung erweist sich in einem fundamentalen Punkt als untragbar.

2) *Die notwendige Vorgehensweise des Chefs*
Er muss das Problem
a) rechtzeitig
b) in aller Deutlichkeit ansprechen und
c) nachhaltig auf die negativen Auswirkungen für den Mitarbeiter hinweisen bis zum Ausscheiden aus dem Betrieb, wenn er seine Einstellung nicht im notwendigen Ausmaß ändert.

Zu a)
Viele Menschen, leider auch Vorgesetzte aller Hierarchieebenen, schieben unangenehme, aber unvermeidbare Gespräche so weit vor sich her, bis es nicht mehr anders geht.

*Beispiele:*
- Beharrliche Arbeitsverweigerung
- Massive Konflikte mit anderen Menschen
- Alkoholbedingtes Fehlverhalten

- Deutlicher Leistungsabfall
- In der betrieblichen Öffentlichkeit vertretene Standpunkte, die nicht hingenommen werden können.

*Angst vor Konflikten*
Nicht wenige Führungskräfte hoffen, dass sich der Konflikt zwischen richtiger und falscher Einstellung des Mitarbeiters von selbst löst. Sie
- spielen den Konflikt herunter.
- wollen das Problem nicht wahrhaben.
Diese Hoffnung muss trügerisch sein, denn das Gegenteil geschieht. Da der Vorgesetzte nichts unternimmt, hält der Mitarbeiter seine Einstellung für gerechtfertigt und sie verfestigt sich.

Zu b)
Wie wir noch bei der Notwendigkeit zur Wiederholungskritik sehen werden, fällt die grundsätzliche Kritik der Führungskräfte oft viel zu vorsichtig und weich aus.

*Beispiele:*
- „Es wäre gut, wenn Sie ...“
- „Vielleicht können Sie Ihre Einstellung etwas ändern ...“
- „Ich will Ihnen nicht zu nahe treten, aber ...“
Da die Änderung einer Einstellung für jeden Menschen einen starken Eingriff in seine Persönlichkeit darstellt, wird er bei einer zu weichen Kritik noch weniger daran ändern, als wenn der Vorgesetzte einen konkreten Fehler zu vorsichtig rügt.

Zu c)
Die Kritik an der falschen Einstellung hat eine besonders hohe Bedeutung für das Unternehmen, weit mehr als jede Einzelkritik.
Sieht der Vorgesetzte konkrete Chancen zu überzeugen, kann er auf jede Drohung verzichten – die für alle optimale Lösung. Merkt der Chef jedoch, dass sein Mitarbeiter verstockt reagiert, muss er härtere Mittel anwenden. Dabei ist wesentlich, wie stark dessen Einstellung von der verlangten Norm abweicht und welche negativen Auswirkungen sich bei deren Beibehaltung ergeben.

Danach richten sich auch die angedrohten Sanktionen, z.B.:
- Gleiche Tätigkeit, gleiche hierarchische Einordnung, gleiches Gehalt, aber Wegnahme der Kunden bei einem Bausparkassensachbearbeiter wegen wiederholter Kundenbeschwerden

- Gleiches Gehalt, gleich anspruchsvolle fachliche Tätigkeit,
  aber keine Führung von Mitarbeitern mehr
  wegen massiven Fehlverhaltens als Vorgesetzter
- Verlust von Entscheidungskompetenzen
  wegen Überschreitung der bisherigen Vollmachtsgrenzen
  einmalig massiv oder mehrfach

*Schließlich als härteste Maßnahme:*
Das gänzliche Ausscheiden aus dem Betrieb.
Bevor ein Chef Sanktionen anspricht, muss er sich bei seinem Disziplinar-vorgesetzten vergewissern, dass dieser hinter ihm steht. Nicht selten wird die Gesprächsführung sowieso an diesen als zuständige Stelle übergeben.

# 11.  Gründe für Wiederholungskritik

## 11.1  Harmlose Erstkritik

1) *Ursachen*

Da noch immer eine weit verbreitete Meinung besagt, dass ein Vorgesetzter seinem Mitarbeiter etwas Böses antut, wenn er ihn kritisiert, fallen viele Kritikgespräche zu harmlos aus. Das ist in bestimmten Berufsgruppen und Branchen besonders stark der Fall.

*Beispiele:*

Sozialeinrichtungen mit
* Psychologen,
* Sozialarbeitern,
* Erziehern als Mitarbeiter

Der öffentliche Dienst wegen der zu starken Betonung des Sozialgedankens auf Seiten des Arbeitgebers und des noch immer geringen wirtschaftlichen Drucks.

Ganz anders ist die Situation in der Privatwirtschaft:

Dort werden Kritikgespräche deutlich geführt, teilweise sogar zu hart. Entscheidend dafür sind die verhängnisvollen Auswirkungen auf Vorgänge und Menschen, z. B. bei der nicht ausreichenden Beachtung der Sicherheitsvorschriften.

2) *Konkretes Verhalten*

a) **Wünsche statt Forderungen**

Der Vorgesetzte wünscht, dass der Mitarbeiter seinen Fehler abstellt, z.B.:

„Es wäre gut, wenn Sie ..."

„Ich hoffe, dass Sie ..."

„Können Sie nicht ..."

mit der noch milderen Variante:

„ein wenig" oder „ein bisschen".

Natürlich wissen beide, besonders der Vorgesetzte, dass der zu rügende Fehler nicht mehr vorkommen darf. Er hofft, dass die milde Kritik vom Mitarbeiter verstanden wird und die umsichtige Art des Chefs ihn nicht frustriert. Was aber, wenn diese Hoffnung trügt?

Es bleibt alles beim Alten!

Die richtige Kritik muss z.B. die Worte enthalten:

„Ich *erwarte*, dass *sofort* ..."

„Sie *müssen in Zukunft* so vorgehen ...“
„Das von *Ihnen zu befolgende* Vorgehen sieht so aus ...“
**b)  Verweis auf das Verlangen Dritter**
Typisch sind Formulierungen wie:
„Die Geschäftsleitung fordert ...“
„Mein Chef erwartet ...“
„Wir müssen ...“
Der Vorgesetzte greift vor allem aus zwei Gründen zu diesem Ausweg:
- Der Zorn des Mitarbeiters soll sich nicht gegen ihn, sondern die dritte, hierarchisch höher eingeordnete Stelle richten und
- er versucht so, die Autorität gegenüber dem Mitarbeiter zu stärken, die ihm selbst nicht ausreichend genug erscheint, um sich durchzusetzen.

Die Auswirkungen beim Mitarbeiter können aber stattdessen sein:
- Die Spitze ist weit weg und kann deshalb nicht genau prüfen, was am einzelnen Arbeitsplatz wirklich geschieht.
- Der Mitarbeiter nimmt an, dass sein Chef die Kritik nur als ausführendes Organ vorträgt, also nicht wirklich davon überzeugt ist. Weshalb formuliert er sonst so?
- Er spürt die Unsicherheit des Vorgesetzten, was ihn zu ermuntern vermag, heftigen Widerstand zu leisten.

### 3) *Richtiges Vorgehen der Führungskraft*
**a)  Sie muss so tun, als ob sie im eigenen Auftrag handelt,**
sogar auch, wenn sie nicht voll mit dem Standpunkt der zuständigen Stelle übereinstimmt, in deren Auftrag sie das Kritikgespräch führt. Sie muss daher ggf. durch Zusatzinformationen sicherstellen, dass sie ausreichend genau weiß, was die zuständige Stelle zu ihrem Standpunkt veranlasst hat.
**b)  Der Vorgesetzte muss sicher auftreten**
Dafür gibt es viele, sehr unterschiedliche Gründe, die nicht zuletzt in der Persönlichkeit des Chefs liegen; hier sei nur auf einen Gesichtspunkt hingewiesen.
Er muss davon überzeugt sein, dass
- das Verhalten seines Mitarbeiters fehlerhaft und
- deshalb sofort zu ändern ist, zumindest sollte der entsprechende Prozess beginnen.

Der Chef soll bei seinem Kritikgespräch so vorgehen, dass möglichst keine Frustration oder Verärgerung des Mitarbeiters eintritt. Das darf aber nicht der vorherrschende Gesichtspunkt sein. Wesentlicher Grundsatz:
*Das Fehlverhalten ist abzustellen!*

## 4) *Ergebnis des Kritikgesprächs*

Es muss deutlich sein,

- was der Mitarbeiter
- in welcher Güte
- sofort oder erst nach einer Umstellungsphase

zu erledigen hat bzw. wieweit sein Verhalten zu verändern ist.

Typische Fehler des Vorgesetzten:

a) Missverständnisse treten auf.
b) Eine Kritik findet zwar statt, aber der Mitarbeiter weiß nicht genau genug, wie das neue Verhalten aussehen soll.
c) Durch den Monolog des Vorgesetzten war es dem Mitarbeiter nicht möglich, alle seine Einwände vorzubringen und zu erreichen, dass der Chef sich ernsthaft mit ihnen auseinandersetzt.
d) Beide einigen sich auf einen unzulässigen Kompromiss.
e) Es folgen keine Kontrollen.

Zu a)

Bei Kritikgesprächen, die wesentliche Änderungen am Mitarbeiterverhalten fordern, veranlasse ich den Mitarbeiter, eigenständig Verlauf und Ergebnis des Gesprächs festzuhalten, was er mir dann zur Gegenzeichnung vorlegt. Ich verfolge damit zwei Ziele:

- Der Mitarbeiter muss sich auf Grund der schriftlichen Abfassung noch einmal in Ruhe verdeutlichen, was im Gespräch geschehen ist.
- Ich kann feststellen, ob er alles richtig verstanden hat, vor allem die von ihm zu beachtenden Konsequenzen.

Auch wenn das Gesprächsergebnis nicht schriftlich festgehalten wird, muss sich der Vorgesetzte zum Abschluss des Dialogs vergewissern, ob der Mitarbeiter sein zukünftiges Verhalten klar sieht.

Zu b)

Auf die oben beschriebene Weise wird auch der Fehler b) ausgeschaltet. (Ich vergleiche manche Kritik- und auch Beurteilungsgespräche mit Plaudereien, weil nichts „Handfestes" geschieht.)

Zu c)

Wenn der Vorgesetzte verhindert, dass der Mitarbeiter im Kritikgespräch genügend zu Wort kommt, um alles vorzubringen, was ihn bewegt, ist das Problem mit der Kritik nicht abgeschlossen, sondern der Mitarbeiter beschäftigt sich weiter vor allem mit dem, was er zu seiner Entlastung vorbringen wollte und versucht, z. B. die Zustimmung von Kollegen zu seiner Argumentation zu finden. Das gelingt ihm nicht selten, weil der Kollege

- die Gegenargumentation des Chefs nicht kennt.

- nur eine sehr subjektive Darstellung erfährt.
- keinen Ärger mit seinem Kollegen will, der über die Kritik noch sehr aufgebracht ist.

## Zu d)
Ein zulässiger Kompromiss ist nicht möglich. Es kann höchstens zu einer milderen Kritik kommen, wenn der Vorgesetzte vom Mitarbeiter vorgebrachte Entlastungsmomente anerkennt.

## Zu e)
Fürchtet eine Führungskraft sich vor dem Kritikgespräch, dann ebenso vor der konsequenten Kontrolle, um zu prüfen, ob ihre Vorgehensweise erfolgreich gewesen ist. Weiß der Mitarbeiter aus früheren Kritikgesprächen, dass nichts dergleichen geschieht und will er sich sowieso nicht ändern, wird er hoffen, dass wie bisher keine Kontrolle und daher auch keine erneute, eigentlich härtere Kritik erfolgt.

### 11.2  Verstocktes Mitarbeiterverhalten

1) *Das Phänomen*
Der Mitarbeiter verschließt sich völlig gegen die Kritik. Er lässt sie nicht an sich herankommen. Das kann
- offen geschehen,
  indem er kompromisslos Widerstand leistet,
  oder für den Vorgesetzten viel gefährlicher, weil bedeutend schwerer erkennbar,
- versteckt vorkommen,
  indem er im Gespräch schweigt
  oder
  so tut, als hätte er alles akzeptiert.

2) *Mögliche Ursachen für dieses Verhalten*
a) Der Mitarbeiter lässt sich von diesem bestimmten Chef nichts sagen.
   Er lehnt
   - dessen Persönlichkeit
     oder
   - dessen Fachkönnen
     oder
   - sogar beides ab.

b) Er sieht nicht ein, dass er einen Fehler begangen hat, weil er nach wie vor davon überzeugt ist, richtig gehandelt zu haben. Unter Umständen beschwert er sich beim nächsthöheren Vorgesetzten oder droht damit.

c) Es geht um ganz unterschiedliche Einstellungen, zwischen denen es keine Brücke gibt. Weil Einstellungen Grundverhalten darstellen, sieht der Mitarbeiter einen massiven Eingriff in seine Persönlichkeit, den er nicht zulassen will.

d) Der Mitarbeiter sieht zwar ein, dass er nicht richtig gehandelt hat, akzeptiert die Kritik aber nicht, da er keine eigene Schuld für gegeben hält.

## 3) *Die notwendigen Reaktionen des Chefs*
Zu a)

Im Betrieb gibt es deshalb Hierarchieebenen und somit klare Über- und Unterstellungsverhältnisse, weil Befehlsgewalt notwendig ist, d. h. auf der einen Seite Direktionsrecht und auf der anderen Weisungsgebundenheit. Ein Betrieb ist kein „Diskussionsclub", der sich auf etwas einigen soll, sondern eine Organisationseinheit, die eine bestimmte Aufgabe zu erfüllen hat. Daher kann es auch keine Basisdemokratie geben. Das deutsche Recht sieht eindeutig vor, dass keine Kollektivverantwortung besteht, sondern jeder Einzelne für sein Tun oder Nichthandeln einstehen muss. Ein Vorgesetzter kann z. B. seine Mitarbeiter in die eigene Entscheidungsfindung einbinden, aber er selbst trägt schließlich die Verantwortung.

Akzeptiert also der Mitarbeiter weder die Persönlichkeit des Vorgesetzten noch dessen Fachkönnen, muss dieser sich auf seine institutionelle Autorität stützen.

Es ist strittig, ob in diesem Fall von Autorität gesprochen werden kann; anders als bei der persönlichen und fachlichen Autorität handelt es sich um keine freiwillige Anerkennung von Überlegenheit durch den Mitarbeiter, sondern die Machtmittel des Vorgesetzten können den Mitarbeiter zum Einlenken veranlassen.

Da der Chef nicht zu überzeugen vermag, muss er sein bisher kooperatives Vorgehen aufgeben und stattdessen gegenüber dem autoritären Mitarbeiter (=der keine andere Meinung gelten lässt) selbst autoritär auftreten und entsprechend handeln. Jedes mildere Verhalten hält der autoritäre Mitarbeiter für ein Zeichen von Schwäche und führt deshalb nicht aus, was der Chef von ihm erwartet. Er akzeptiert dagegen autoritäres Vorgehen, wenn es sicher geschieht und er damit rechnen muss, dass die Führungskraft ihre Machtmittel einsetzt.

Zu b)

Es genügt also nicht, nur den Fehler als solchen zu definieren und dessen Abstellung zu veranlassen, sondern der Chef muss im Kritikgespräch z. B. auch Folgendes behandeln:

* mittelbare
  und

- unmittelbare Ursachen
- die zu dieser Zeit herrschenden Rahmenbedingungen, z.B.
  massiver Zeitdruck,
  unklare Anweisungen,
  ungeeignete Instrumente.
- Mitverursacher des Fehlers, was auch den Vorgesetzten selbst betreffen kann.

Alle diese Punkte werden aber im Kritikgespräch nur ausreichend erörtert, wenn der Vorgesetzte

- offen genug ist.
- gut aktiv
  und
- passiv zuhört.
- sich eingehend mit sämtlichen Einwänden des Mitarbeiters auseinandersetzt.

Zu c)

Auch die intensive Erörterung eines Fehlers bleibt erfolglos, wenn dieser auf eine nicht zu billigende Einstellung zurückgeht. Deshalb darf die Diskussion auf keinen Fall bei der unmittelbaren Ursache enden. Der Vorgesetzte muss die Grundhaltung in einem prinzipiellen Gespräch kritisieren und auf deren Veränderung nachhaltig drängen. Jedes Ausweichen führt konsequenterweise zu erneuten Fehlern gleicher Art. Auch in diesem Fall kann autoritäres Vorgehen die einzig richtige Reaktion sein.

Zu d)

Kritik muss nicht auf schuldhaftem Handeln beruhen. Es geht zunächst nur darum, dass der Vorgesetzte ein bestimmtes Verhalten nicht mehr zulassen darf. Wieweit der Mitarbeiter schuldhaft gehandelt hat, ist eine zweite Frage. Selbstverständlich muss diese im Gespräch ausreichend erörtert werden. Daher ist wieder Offenheit und genügend Zeit zur Aussprache erforderlich.

Es ist zu klären,

- ob der Mitarbeiter nach seinem Wissensstand zum Zeitpunkt des Fehlers hätte anders handeln können.
- wieweit er durch die Einwirkung Dritter am freien Handeln gehindert wurde.
- welche Anteile er selbst und andere am Zustandekommen des Fehlers hatten.

## 11.3  Verfehlte Ansatzpunkte der Kritik

### 1)  *Die feste negative Vormeinung des Vorgesetzten*
Man könnte diese falsche Haltung so beschreiben:
„Von Ihnen konnte man nichts Besseres erwarten!"
Dem jetzt zu kritisierenden Fehler ist einiges vorausgegangen, das diese Stereotype beim Chef hat entstehen lassen. Das zwischenmenschliche Verhältnis ist massiv belastet; denn der Mitarbeiter kennt sicher die negative Einstellung des Vorgesetzten ihm gegenüber.
Die Folgen für das Kritikgespräch:
a) Der Chef lässt keine Widerrede oder Diskussion zu, sondern verkündet erneut, wie stark der Mitarbeiter versagt hat.
b) Der Mitarbeiter selbst
- hat entweder bereits resigniert
  oder
- lässt das Gewitter wie unbeteiligt an sich vorüberziehen
  oder
- wehrt sich mit „Händen und Füßen" gegen jeden, auch den kleinsten Vorwurf.

Was muss der Chef unbedingt beachten?
- Er sollte sorgfältiger als bei Kritikgesprächen mit anderen Mitarbeitern das Pro und Contra in diesem Fall abwägen, vor allem: Was spricht für diesen Mitarbeiter?
- Er darf sich nur auf klare, erwiesene Fakten stützen, auf keinerlei Vermutungen.
- Wie würde er beim gleichen Fehler Kollegen dieses Mitarbeiters behandeln?
- Welche negativen Emotionen bestehen bei ihm?
- Wie will er sie im Gespräch meistern?

### 2)  *Das Ausgehen von einem zu hohen Anforderungsprofil*
a) Der Vorgesetzte zieht Vergleiche, die nicht gerechtfertigt sind
   oder
b) verlangt eine Arbeitsgüte, die dieser Mitarbeiter nicht bringen konnte
   oder
c) übersieht den zum Zeitpunkt des Handelns bei dem Mitarbeiter vorliegenden Stress.

Zu a)
Der Chef vergleicht
- entweder mit seiner eigenen Leistung
  oder
- mit der des leistungsstärksten Kollegen des Mitarbeiters.

Das geschieht vor allem durch perfektionistische Führungskräfte, die stets makellose Qualität erwarten und deshalb durch jede schwächere Leistung zutiefst demoralisiert und frustriert sind. Ihre Kritik fällt häufig nicht nur zu hart, sondern auch zu emotional aus.

Zu b)
Kritik darf nicht schematisch ohne Ansehen der jeweiligen Person erfolgen, z.B.:
- Besaß dieser Mitarbeiter schon genügend Fachwissen?
- Hatte er bereits ausreichend praktische Erfahrung gesammelt?
- Handelt es sich um die erste Aufgabe mit diesem hohen Anforderungsprofil?
- War er der Situation menschlich gewachsen?

Zu c)
Stress ist ein sehr subjektiver Faktor. Der Vorgesetzte muss also z.B. überlegen:
- Wie stressstabil ist dieser Mitarbeiter allgemein in
  physischer
  und
  psychischer Hinsicht?
- Wie stark war wahrscheinlich der Stress in der Situation, in welcher der Mitarbeiter gehandelt hat?
- Wie wirkt sich Stress bei ihm im Hinblick auf
  Leistung
  und
  Verhalten aus?
- Hat ihm jemand in der stressigen Situation geholfen?

### 3) *Zu hohe Erwartungen*
Der Vorgesetzte hat auf Grund von Vorerfahrungen mit diesem Mitarbeiter ein Bild von ihm entwickelt, das nicht der Realität entspricht, sondern zu hohe Erwartungen an ihn stellt. Deshalb ist er jetzt durch dessen unerwarteten Fehler menschlich besonders stark enttäuscht und diese negative Emotion wird im Kritikgespräch überdeutlich.
*Mögliche Gründe:*
a) Der Mitarbeiter hat sich bei ihm zu gut verkauft.
b) Der Chef hat bisherige Leistungen zu hoch bewertet.
c) Er hat gegenüber eigenen Kollegen den Mitarbeiter als seinen „Schützling" zu stark hervorgehoben und daher von dort kommende, berechtigte Kritik zur Seite geschoben. Der Misserfolg des Mitarbeiters ist zugleich sein eigener.

Zu a)

Mit „zu gut verkauft" ist gemeint, dass es dem Mitarbeiter bis zu seinem Fehler gelang, den Vorgesetzten über sein wirkliches Können zu täuschen. Dies hat er z.B. erreicht, weil er

- als seine alleinige Leistung ausgegeben hat, woran andere wesentlich beteiligt waren,
- durch sein sicheres Auftreten überzeugt,
- die eigene Arbeit als besonders schwierig vorgegeben hat.

Zu b)

Wie bei a) kann eine entscheidende Ursache sein, dass der Vorgesetzte zu wenig Ahnung vom Anforderungsprofil der bisherigen Tätigkeiten hat
oder
dass ihm persönlich, vom eigenen Können her, die Aufgaben besonders schwierig erschienen, z.B. dass

- der Kaufmann die Leistung des Technikers überschätzt oder umgekehrt.
- der Nicht-EDV-Fachmann Arbeiten von EDV-Spezialisten für bedeutend schwieriger hält, als diese für Fachleute sind.

Zu c)

Der Fehler ist für den Vorgesetzten besonders tragisch, da er sich gegenüber den eigenen Kollegen zu stark mit dem Mitarbeiter identifiziert hat. Er hat vielleicht berechtigte Warnungen von dieser Seite überhört. Nun hat er sich unter Umständen gegenüber den Kollegen massiv blamiert. Diese persönliche Betroffenheit wirkt sich auf das Kritikgespräch mit dem hochgejubelten Mitarbeiter verhängnisvoll aus. Sie kann eine zu scharfe Kritik auslösen, die sich nicht auf den Sachfehler beschränkt, sondern sich auch gegen die Persönlichkeit richtet. Im Extremfall lässt der Chef seinen früheren Protégé (= besonders geförderten Schützling, Günstling) gänzlich fallen.


## 11.4 Mangelnde Kontrolle der Kritikergebnisse

1) *Die Furcht der Vorgesetzten vor Kontrollen*
a) Viele Menschen finden es unangenehm, kontrolliert zu werden, was sie deshalb mehr oder weniger nachhaltig auch dem sie kontrollierenden Chef verdeutlichen. Dieser weiß das und fürchtet, sich unbeliebt zu machen.
b) Die Führungskraft will ihre Ruhe haben, auch vor Mitarbeitern, um ihre Kernaufgaben, fachlicher oder strategischer Art, möglichst ungestört zu verrichten. Aus diesem Grund verdrängt sie Kontrollaufgaben aus ihrem Gedächtnis, vergisst sie schlichtweg.

c) Der Vorgesetzte fürchtet, dass der Mitarbeiter trotz der Kritik sein Fehlverhalten grundsätzlich beibehält, zumindest nicht so weit korrigiert, wie er es nach der Kritik tun müsste.

d) Er nimmt an, dass der Mitarbeiter den Kritikpunkt, auch mit ernsthaften Bemühungen nicht beseitigen kann.

**Zu a)**

Das Problem wird nur der Vorgesetzte bewältigen, der ein angemessenes Selbstwertgefühl besitzt, also nicht darauf angewiesen ist, beliebt zu werden oder zu bleiben.

**Zu b)**

Es handelt sich um Personen, die keine Führungsaufgabe innehaben dürften. Sie sehen sich, im Unterschied zu ihren Mitarbeitern, als ihnen überlegene Fachkräfte an, als eine Art Obersachbearbeiter. Hierzu ist der Ausspruch eines Ingenieurs im Hauptabteilungsleiterrang klassisch:

„Am liebsten arbeite ich in der Gleitzeit, da kann ich ungestört von Mitarbeitern das tun, was ich eigentlich immer gerne machen würde: fachlich besonders schwierige Aufgaben lösen."

**Zu c)**

Dieser Chef weiß, dass er nicht die persönliche Autorität besitzt, auf die er sich stützen können müsste. Er nimmt mit Recht an, dass der kritisierte Mitarbeiter sich nicht bessern will.

Das drückt dieser häufig bereits im Kritikgespräch selbst aus, indem er sagt:

„Ich werde mich bemühen.",

was in diesem Fall bedeutet:

„Es ändert sich nichts!"

**zu d)**

Mit dieser speziellen Thematik befasse ich mich im nächsten Kapitel eingehend und gesondert.

## 2) *Anforderungen an Kontrollen*
*Hauptziel: Anleitung zur Selbstkontrolle*

Wenn ein Mitarbeiter Aufgaben zur eigenständigen Erledigung delegiert erhält, setzt dies voraus, dass er fähig zur Selbstkontrolle ist, was

- Häufigkeit,
- Zeitpunkt und
- Genauigkeit betrifft,

und dazu auch ohne Aufforderung bereit ist.

Sollte dies dennoch bisher nicht geschehen sein, muss der Vorgesetzte ihn im Kritikgespräch dazu anleiten. Am besten funktioniert dies in Form einer Vereinbarung mit folgenden Schritten:

*1. Wie wollen Sie in Zukunft den Fehler vermeiden?*

Es geht um die grundsätzliche Problemverhinderung.

Der Erfolg der Verbesserungsmaßnahme hängt entscheidend davon ab, dass Vorgesetzter und Mitarbeiter die Ursache des Versagens erkennen und dort ansetzen.

*2. Wieweit können Sie die Kontrolle ohne fremde Hilfe durchführen?*

Gegenanzeichen:

* Es fehlt noch am nötigen Hintergrundwissen.
* Der Mitarbeiter beherrscht die erforderlichen Kontrolltechniken nicht.
* Ihm sind die negativen Auswirkungen einer zu späten und/oder zu oberflächlichen Kontrolle zu wenig bewusst.
* Er fühlt sich bei dieser Aufgabe überfordert, da er zu unsicher vorgeht.

Der Vorgesetzte muss prüfen, ob es sich bei den Gegenargumenten des Mitarbeiters um

* Ein-

 oder

* Vorwände handelt.

Ein Vorwand liegt vor, wenn der Mitarbeiter versucht, der mit der Kontrolle verbundenen Verantwortung auszuweichen.

Einwände dagegen muss der Chef ernst nehmen, weil Erfolgskontrollen sonst in unzureichender Weise geschehen und folglich den Verbesserungsversuch verhindern.

Er sollte sich im Kritikgespräch anschaulich und nicht nur abstrakt schildern lassen, wie der Mitarbeiter seine Kontrollen gestalten will.

*3. Sachgerechte Unterstützung bei Kontrollen*

a) Einigung über

* Kontrollhäufigkeit

 und

* Kontrollgenauigkeit.

b) Jede Kontrolle muss so rechtzeitig erfolgen, dass zu diesem Zeitpunkt kein irreparabler Schaden entstanden sein kann.

Gibt es Probleme, hat der Mitarbeiter sofort von sich aus den Chef zu informieren.

### 3) *Durchführung der Kontrolle*

Bei der Durchführung der Kontrolle gilt es vor allem zu vermeiden, dass Flüchtigkeitsfehler entstehen.

Wann hat der spezielle Mitarbeiter durchschnittlich am Arbeitstag die Zeit seiner Spitzenleistung, wann die größten Leistungsschwächen?

Neigt er zur Oberflächlichkeit oder wird er sich streng genug kontrollieren?
Welche Kontrollen muss der Chef auf jeden Fall selbst vornehmen,
angekündigt
oder
überraschend?
Muss der Mitarbeiter noch bestimmtes zusätzliches Wissen und Können erwerben und wie schnell:
a)  am Arbeitsplatz selbst = on the job
oder
b)  über ein Seminar = off the job?


## 11.5  Überforderung des Kritisierten

### 1)  *Unterlassene Verbesserungsmöglichkeiten?*
Warum ist es zur Wiederholungskritik gekommen?
Lag es daran, dass
a)  der Mitarbeiter sich nicht ernsthaft für eine Verbesserung engagiert hat
oder
b)  die Erwartungen seines Chefs ihn überfordern?
Bei a) handelt es sich um schuldhaftes Verhalten. Deshalb muss die erneute
Kritik bedeutend härter und deutlicher ausfallen als die erste und im Gespräch
ist die Androhung von Sanktionen erforderlich.
Ganz anders hingegen ist die Situation bei b):
Der Mitarbeiter vermag sich hinsichtlich der kritisierten Punkte nicht zu
verbessern, weder allein noch mit fremder Hilfe, z.B. mit der des Chefs.

### 2)  *Ursachen für eine überfordernde Kritik*
a)  Das Ziel lässt sich zum gegenwärtigen Zeitpunkt wegen fachlicher Mängel
    beim Mitarbeiter nicht erreichen.
b)  Es handelt sich um die Forderung nach umgehender Einstellungsänderung.
c)  Das kritisierte Verhalten geht auf stabile Persönlichkeitseigenschaften
    zurück.

Zu a)
Es fehlt die erforderliche Grundbasis an Wissen und/oder Können. In diesem
Fall müssen
• die Auffassung- und Lernfähigkeit des Mitarbeiters
• sein intellektuelles Leistungsvermögen
• konkrete Möglichkeiten zum erforderlichen raschen Lernen
geprüft werden.

*– Zur Auffassungs- und Lernfähigkeit –*
Auffassungs- und Lernvermögen ist nicht verbesserungsfähig. Der Mitarbeiter kann höchstens durch bestimmte „Techniken" Mängel auf diesem Gebiet kompensieren.
*Beispiele:*
- Gedächtnistrainings
- Besonders bei einem überaus schlechten Gedächtnis möglichst viele und übersichtliche Notizen
- Logischer Aufbau auf bereits Gelerntem
- Nur so viel Neues, wie der Mitarbeiter von seinen Fähigkeiten her aufnehmen und auch verarbeiten kann.

*– Zum intellektuellen Leistungsvermögen –*
Beispiele für intellektuelle Faktoren außer Auffassungsgabe und Gedächtnis:
- Sprachverständnis
- Wortflüssigkeit
- Rechengewandtheit
- Räumliches Denken
- Schlussfolgerndes Denken

Altersstabil sind z. B. verbale Fähigkeiten im Unterschied zu abstrakten Denkanforderungen, Gedächtnis und Informationsverarbeitungsgeschwindigkeit.
*– Zu konkreten Möglichkeiten des erforderlichen raschen Lernens –*
Fehlt es bereits an Basiswissen, muss der kritisierende Vorgesetzte im Voraus gewissenhaft geprüft haben,
- wie schnell

und
- wie gründlich

die nicht vorhandenen Kenntnisse erfolgreich vermittelt werden können. Dabei muss er berücksichtigen, was im Hinblick auf diesen speziellen Mitarbeiter zu beachten ist, z. B.:
- Wird er sich durch das vorgesehene Lernprogramm überfordert fühlen? Es kommt auf die subjektive Befindlichkeit an, nicht auf die objektiven Möglichkeiten.
- Wieweit ist eine Erfolg versprechende zeitliche Verkürzung möglich, also ein Intensivtraining?
- Auf was kann im Vergleich zum Normalfall verzichtet werden?
- Wie gut ist das Durchhaltevermögen des betreffenden Mitarbeiters entwickelt?
- Wann und wie stark wird der Chef voraussichtlich unterstützend eingreifen müssen?

## Zu b)

Auf die generellen Schwierigkeiten bei Versuchen einer Einstellungsveränderung wurde bereits eingehend hingewiesen. Der Vorgesetzte muss sorgfältig abwägen, ob seine Erwartungen realistisch genug sind:

- Wichtige Aspekte?
- Welche Bedeutung hat die kritisierte Einstellung für den Mitarbeiter?
- Wie stark soll sich die Einstellung verändern: grundlegend oder nur partiell?
- Gibt es ernst zu nehmende Anzeichen für eine beginnende Einsicht?
- Wie stabil sind Einstellungen bei diesem Mitarbeiter: flexibel oder starr?
- Kann der Chef intensiv und lange genug einwirken?

## Zu c)

Es darf auch in dieser Hinsicht nicht zu unrealistischen Erwartungen kommen.
*Negativbeispiele:*
1. Mitarbeiter des Backoffice sollen an die Verkaufsfront: Kreditsachbearbeiter Kundenberaterfunktionen übernehmen.
2. Das Sozialverhalten soll sich grundlegend ändern,
- hoheitlich denkende und administrativ handelnde Mitarbeiter der Personalabteilung ab sofort kundenorientiert auftreten.
- der Einzelgänger sich in die Arbeitsgruppe integrieren.
3. Der Pessimist soll zum Optimisten werden.

Auswirkungen auf Änderungsversuche:
*Zum 1. Beispiel:*
Der Mitarbeiter des Backoffice kennt sich gut genug, um zu wissen, dass es ihm an der jetzt geforderten Extrovertiertheit mangelt. Er hat sich deshalb bisher auch nicht als Kreditsachbearbeiter um jede frei gewordene Position eines Kundenberaters beworben.
*Zum 2. Beispiel:*
Das Phänomen des hoheitlichen Denkens ist leider keine Altersfrage. Junge Mitarbeiter lassen sich jedoch leicht umformen, ältere dagegen schwer oder überhaupt nicht. Auch Jüngere können schon sehr stabil diese Haltung einnehmen, wenn sie von ihren Eltern ungeprüft das hoheitliche Handeln übernommen haben.
Diese Art des Verhaltens ist bedeutend weniger anstrengend, was das benötigte Fachwissen und die Selbststeuerung, besonders in kritischen zwischenmenschlichen Situationen, betrifft.

Oft halten sich die Betroffenen für kundenorientiert, bis sie bei Videoaufzeichnungen feststellen müssen, dass ihre bisherige „Selbsterkenntnis" nicht mit der Wirklichkeit übereinstimmt. Sie erkennen z. B., dass ihr Sprachstil umständlich bürokratisch klingt. Dann nehmen sie entweder zum Selbstschutz an, dass ihnen solche Fehler nur im Stress vor der Videokamera unterlaufen, nicht aber in der täglichen Praxis, oder sie geben das Fehlverhalten zwar zu, halten es aber naiverweise für ein schnell abbaubares, rein sprachliches Problem.

Einzelgängertum ist eine grundlegende Lebenshaltung. Als negativ wird sie nicht selten von solchen Vorgesetzten missverstanden, die selbst ausgesprochen kontaktfähig sind.

Ein häufiger Beurteilungsfehler besteht darin, einen introvertierten Menschen als weniger leistungsstark einzuschätzen als einen ausgesprochen extrovertierten. Eine falsche Annahme ist es auch, diese Personen als weniger glücklich mit ihrem Schicksal anzusehen. Der wenig Kontaktfähige kann massiv kontaktschwach sein, was auf emotional bedingte Hemmungen zurückgeht. Ist dieser Fall wirklich bei einem Mitarbeiter gegeben und handelt es sich bei der Arbeitsgruppe um ein Team, also eine Gruppe von Mitarbeitern, die gemeinsam an einer Aufgabe arbeiten, kann es für den Vorgesetzten sogar erforderlich werden, den Mitarbeiter von seiner bisherigen Stelle zu entfernen.

Sehr wesentlich ist folglich die Ursache für die fehlende Integration und natürlich die Bedeutung für den Erfolg der Arbeit der gesamten Gruppe:

- Handelt es sich um einen extrem introvertierten Menschen?
  Kann dennoch die Arbeit des Einzelgängers wertvoll genug für das Gruppenergebnis sein?

- Geht die Absonderung von der Gruppe auf beidseitige Ablehnung zurück:
  Der Mitarbeiter legt für die Kollegen abstoßende Verhaltensweisen an den Tag, die er auf keinen Fall ablegen will.

- Er hat sich von den anderen aus Selbstüberschätzung und Arroganz zurückgezogen.

*Zum 3. Beispiel:*

Vom Pessimisten zum Optimisten?

Pessimismus ist eine Lebensanschauung, nach der in der Welt das Übel vorherrschend ist und alle Entwicklung sich in negativer Hinsicht bewegt. Oft geht diese Einstellung bereits auf frühkindliche Einflüsse zurück: Eine in der Erziehung des jungen Menschen einflussreiche Person hat ihm Pessimismus vorgelebt und ihn in diesem Sinne bewusst erzogen. Gegen diese tief verwurzelte Haltung wird der Vorgesetzte vergebens angehen. Sie ist stärker als alle seine Bestrebungen.

# 12. Die hohe Bedeutung der zwischenmenschlichen Problematik

## 12.1 Ursachen für fehlendes Verständnis des Kritisierenden

### 1) *Das rein sachliche Verständnis von Zusammenarbeit*

Der Vorgesetzte sieht seine Mitarbeiter im Grunde nicht als Menschen, sondern nur als Hersteller von Arbeitsleistung, die er benötigt. Er ist sogar stolz auf diese Einstellung und Verhaltensweise, weil er meint, dass er nur so ganz objektiv Probleme jeder Art zu lösen vermag. Er lasse sich nicht durch Sympathie und Antipathie beeinflussen. Diese rationale Betrachtungsweise übersieht, dass es überall da, wo Menschen handeln, auch „menschelt". Von Emotionen ist weder dieser Vorgesetzte frei noch seine Mitarbeiter.

*Beispiel:*

Ein Jurist soll in der Personalabteilung arbeiten. Wir prüfen als Personalberater, ob er für diese Aufgabe persönlich geeignet ist. Darüber entscheidet, wie er rechtliche Konflikte sieht:

a) Versucht er sie rein rechtlich zu lösen

oder

b) sieht er das juristische Argumentieren nur als vordergründig an, hinter dem letztlich entscheidend zwischenmenschliche Konflikte stehen, z.B.

• das Ringen um Macht

oder

• ein tief sitzendes Misstrauen?

Er wird die Rechtskonflikte nur wirklich lösen, wenn er an den hintergründigen zwischenmenschlichen Konflikten ansetzt.

In Kritik- aber auch anderen Gesprächen werden einer Führungskraft, die z.B. Konflikte rein sachlich sieht, grundlegende Fehler unterlaufen. Sie beschränkt sich auf die rationale Ebene und übersieht so die unter der Oberfläche schwelenden emotionalen Konflikte, die eigentlich der Auslöser sind. Die falsche Denkweise ist vor allem unter Männern verbreitet, die annehmen, dass Frauen weitgehend emotional handeln, Männer dagegen in ihrem Tun sachlich bestimmt sind. So denkende und handelnde Führungskräfte werden bei Kritik nicht den Menschen gerecht, sondern sie werden alles unternehmen, um Emotionen außen vor zu lassen.

Es kommt zu rein sachlichen Vereinbarungen und Kompromissen, die nur eine vordergründige Konfliktlösung darstellen, so dass zum Erstaunen des schlichtenden Chefs die Konflikte nicht aufhören, sondern in Kürze wieder verstärkt auftreten.

## 2) *Fehlende Sensibilität für Emotionen*

Wir nehmen ein Beispiel, das als Folge zahlreicher und grundlegender Umstrukturierungen heute in Betrieben häufig auftritt:

Die Mitarbeiter haben Angst vor dem, was auf sie zukommt, weil sie das Neue als starke Bedrohung für sich empfinden. Als Grund geben sie an, dass Geschäftsleitung und unmittelbare Vorgesetzte sie zu spät und unzureichend informieren. Dies erfährt ein rational denkender Chef. Also unterrichtet er seine Mitarbeiter frühzeitig und umfassend; zu seinem großen Erstaunen bleibt aber die Angst.

Er hat die Emotion „Angst" rational besiegen wollen. Daran musste er zwangsläufig scheitern. Stattdessen hätte er auf emotionale Weise reagieren müssen, z. B. durch den Aufbau bzw. die Vertiefung von Vertrauen oder glaubwürdiges Auftreten.

Der Vorgesetzte erkennt nicht, was die Mitarbeiter ihm eigentlich sagen wollen.

*Ein Beispiel aus der Praxis:*

Der Vorgesetzte hatte einer Mitarbeiterin auf deren Bitte hin erlaubt, wegen schlechter Verkehrsverbindungen morgens etwas später zu kommen, weil sie sonst eine Stunde bis zum Dienstbeginn hätte warten müssen. Diese Entscheidung wurde zur Transparenz am schwarzen Brett angeschlagen.

Einige Monate später wies eine ihrer Kolleginnen den Vorgesetzten unvermittelt darauf hin, dass vor kurzem ein Fahrplanwechsel erfolgt sei. Schon bald wurde dem Vorgesetzten klar, was dieser Hinweis bedeuten sollte: Wegen des schlechten Betriebsklimas in der Arbeitsgruppe wurde er dezent darauf aufmerksam gemacht, dass er nun endlich die „Bevorzugung" der einen Mitarbeiterin aufheben sollte. Das tat er auch, jedoch in einem Kritikgespräch mit der betroffenen Frau, weil sie ihm nicht von sich aus fairerweise auf den Fahrplanwechsel hingewiesen hatte. Die Sondergenehmigung war dadurch hinfällig geworden.

## 3) *Beachtung zwischenmenschlicher Gegebenheiten auf Seiten des Mitarbeiters*

### a) **Schwierige private Situation**

Muss eine Kritik milder ausfallen, wenn der Mitarbeiter sich zum Zeitpunkt seines Fehlers in einer schwierigen privaten Situation befunden hat?

*Beispiele:*

- Zerbrechen einer Partnerschaft
- Schwere Erkrankung eines nahen Familienangehörigen oder sogar dessen Tod
- Längere Arbeitslosigkeit der Partnerin
- Massive Probleme mit Kindern
- Starke Überschuldung ohne Aussicht auf eine baldige Lösung

b) **Der Vorgesetzte hat ein zwischenmenschliches Problem;**
denn
- der Fehler, den der Mitarbeiter unbedingt hätte vermeiden müssen, ist aufgetreten
  und
- der Mitarbeiter befand sich zur „Tatzeit" in einer schwierigen privaten Situation.

Die Führungskraft ist zur Kritik gezwungen, weil sie den Fehler nicht hinnehmen darf. Verzichtet sie aus Mitleid auf die Kritik, dann
- weiß der Mitarbeiter zumindest offiziell nicht, dass sein Verhalten falsch war.
- sehen Kollegen, die das Versagen festgestellt haben, den Mitarbeiter beim Chef in einer bevorzugten Stellung, vor allem, wenn sie die private Problematik nicht kennen.
- hält der Betroffene selbst unter Umständen seinen Fehler für weniger schwerwiegend, als er zu bewerten ist.
- verwendet der Mitarbeiter vielleicht psychologisch geschickt bei künftig kritikwürdigem Verhalten die private Situation, um weitgehend ungeschoren davonzukommen.

c) **Kritik ohne Beachtung der privaten Schwierigkeiten?**
Für die Kritik des Vorgesetzten ist entscheidend, dass
- der Mitarbeiter einen Fehler begangen hat.
- dieser in Zukunft unbedingt vermieden werden muss.

Ein Kritikgespräch ist deshalb unumgänglich!
Dafür spricht auch die Notwendigkeit zur Gleichbehandlung gegenüber Kollegen.
Es ist ein weiterer Gesichtspunkt zu beachten:
Mitarbeiter A hat seinem Chef von der Situation berichtet, von sich aus oder auf Grund von Nachfragen des Vorgesetzten, entweder weil er einen Gesprächspartner benötigte, dem er sein Herz ausschütten musste, oder aus Berechnung, um weniger stark oder nicht kritisiert zu werden.
Mitarbeiter B hält das ihn belastende Problem für privater Natur und behält es daher konsequent für sich.
Der Mitarbeiter A zieht wahrscheinlich Vorteile aus seiner Lage, Mitarbeiter B wird ohne Berücksichtigung seiner häuslichen Situation kritisiert.

d) **Erlaubte Frage nach privaten Problemen?**
Bei Übungen in Seminaren geschieht es immer wieder einmal, dass ein Vorgesetzter im Kritikgespräch fragt:
„Haben Sie private Probleme?"
„Ich habe gehört, dass Sie sich in einer Ehekrise befinden!"

mit dem häufigen Zusatz:

„Das können Sie mir ruhig sagen. Ich behalte es für mich!"

Grundsätzlich stellen solche Fragen einen unerlaubten Eingriff in den privaten Lebensraum dar. Dennoch reagieren Mitarbeiter nur selten entsprechend deutlich negativ, weil sie Ärger mit ihrem Chef fürchten.

Kritische Äußerungen könnten z.B. sein:

„Das geht Sie gar nichts an!"

„Ich verbitte mir eine solche Frage!"

„Von wem haben Sie denn dieses Gerücht?"

Es kann sogar dazu kommen, dass der erboste Mitarbeiter versucht, nach dem Gespräch herauszufinden, welcher Kollege den Chef informiert hat. Nicht selten beschuldigt der Mitarbeiter den Falschen, weil er in seiner Erregung zu wenig sorgfältig geprüft hat, wer der Urheber gewesen sein könnte. Als Folge hat er zusätzlichen Streit.

Vorgesetzte verteidigen sich damit, dass sie es mit ihrem Mitarbeiter nur gut gemeint hätten, um ihm im Kritikgespräch gerecht zu werden. Das ist zwar eine einleuchtende Begründung, aber keine annehmbare Entschuldigung!

Der Chef muss stattdessen folgendermaßen vorgehen:

Er prüft alle betrieblichen Ursachen für das Fehlverhalten, z.B.

- veränderte Aufgabenstellung
- neue Arbeitsbedingungen wie andere Arbeitsverfahren
- besonderer Zeitdruck
- unklare Anweisungen
- neue Kollegen
- Chefwechsel
- Probleme bei der Kooperation.

Die Untersuchung ergibt, dass jeder der betrieblichen Gründe ausfällt. Folglich kann der Vorgesetzte im Kritikgespräch sagen:

„Nach sorgfältiger Prüfung sehe ich keine überzeugende Ursache betrieblicher Art. Kennen Sie selbst eine?"

Antwortet der Mitarbeiter nach längerem Überlegen mit „Nein", darf die Führungskraft im Gespräch fortfahren:

„Welche Ursachen kommen sonst in Frage?"

Jetzt kann der Mitarbeiter abblocken oder einen privaten Grund nennen, ggf. ihn weiter ausführen, nicht aber auf Grund von Rückfragen seines Chefs, sondern allein von sich aus. Dieser kann nur durch passives Zuhören, auch wenn der Mitarbeiter länger ausführt, und durch aktive Beteiligung – Nachfragen, wenn ihm etwas unverständlich bleibt – dokumentieren, dass er aufmerksam zuhört, um sich in die Lage seines Mitarbeiters hineinversetzen zu können.

Die wesentlichen Aufgaben des Vorgesetzten bestehen darin,

- Verständnis für seinen Mitarbeiter zu haben.

- die negativen Auswirkungen auf die betriebliche Arbeit richtig einzuschätzen.
- zu versuchen, sie so stark wie möglich einzudämmen.

Dagegen überschreitet der Chef seine Kompetenzen, wenn er z.B.

- Eheberatung versucht.
- psychologische oder sozialarbeiterische Funktionen wahrnimmt, etwa bei einer Suchterkrankung.
- medizinisch berät, geht es um die Umstände und die Heilung einer Krankheit.

### 4) *Anforderungen an das Kritikgespräch*
### a) **Ein Vergleichsbeispiel aus der Grundschule**

Die schwierige Situation des Vorgesetzten erinnert mich an einen Vorfall aus einem ganz anderen Arbeitsbereich (Grundschule), und die gegenteilige Gegebenheit des Lobes nach einer Leistung der Schüler. Ich hatte ein Diktat schreiben lassen, die Arbeiten hatte ich als junger Lehrer selbst zu korrigieren und die Ergebnisse der Klasse mitzuteilen. Einige Schüler waren italienische Kinder. Nach meinem Auswertungsschema hatten sie im Diktat bei sechs möglichen Noten eine „4" zu bekommen. Ihre wirkliche Leistung war aber sehr viel höher, da in ihrem engeren Familienkreis nur Italienisch gesprochen wurde. Ich entschied mich nach längerem Nachdenken für folgende Lösung:

Nach meinem Auswertungsschema konnten die italienischen Kinder nur eine „4" bekommen. Ich wusste, dass manche deutschen Kinder genau darauf achteten, ob der Lehrer die italienischen Klassenkameraden bevorzugt.

Im Anschluss an die Unterrichtsstunde mit der Rückgabe der Testergebnisse bat ich die italienischen Kinder zu mir. Ich lobte sie ausdrücklich für ihre Leistungen, die viel höher zu bewerten seien als die deutscher Klassenkameraden, in deren Elternhaus nur Deutsch gesprochen wird. Offiziell habe ich ihnen aber nur eine „4" geben können, weil ich einen echten Leistungsvergleich vornehmen musste. Außenstehende würden sonst über ihre Leistungen im deutschen Diktat getäuscht.

### b) **Die richtige Vorgehensweise des Vorgesetzten**

Es sind zwei Aspekte klar zu unterscheiden:

*Der sachliche Gesichtspunkt*

Unabhängig von Personen muss eine Führungskraft jeden Fehler nach seiner betrieblichen Bedeutung kritisieren

und

mit dem betroffenen Mitarbeiter gemeinsam überlegen,

- wie der gegenwärtige schnell und mit möglichst starker Schadensbegrenzung bewältigt wird

und

- was alles getan werden muss, damit er sich nicht wiederholt.

*Der personenbezogene Gesichtspunkt*

Es wäre naiv und ungerecht zugleich – übrigens ebenso beim Lob für eine gute Leistung –, die hinter dem Verhalten stehende Person und ihre spezielle zwischenmenschliche Situation unbeachtet zu lassen.

Vergleich aus dem Bereich der Anerkennung:

Mitarbeiter A und B erreichen betrieblich ein gleich gutes Ergebnis, für das der zuständige Vorgesetzte sie lobt. Der Mitarbeiter A verließ sich ganz auf seine hohe Begabung, Mitarbeiter B musste wegen seiner intellektuell schlechteren Disposition besonders viel Einsatz zeigen, um ebenso erfolgreich zu sein.

Er ist mehr zu loben, da seine Anstrengungen bedeutend größer waren. Wird der Vorgesetzte eine Aufgabe zu verteilen haben, die eine außergewöhnlich hohe Einsatzbereitschaft verlangt, wird er Mitarbeiter B trotz seiner geringeren intellektuellen Fähigkeiten vorziehen müssen.

*Was bedeutet der personenbezogene Gesichtspunkt für das Kritikgespräch?*

- Die private Problematik entschuldigt das Fehlverhalten nicht, es bleibt unakzeptabel,
- aber sie muss als Erklärung beachtet werden und
- der Chef kann nicht umhin, sie auch zu berücksichtigen, wenn es um die Vermeidung entsprechender künftiger Fehler geht.
- Ein gewisser Kompromiss ist haltbar:
  Bleibt die schwierige menschliche Situation noch einige Zeit erhalten, selbst wenn der Mitarbeiter alles unternimmt, um ihren negativen Einfluss zu minimieren, muss der Chef dies beachten.

*Beispiel:*

Die Ehefrau befindet sich im letzten Stadium einer Krebserkrankung, aber niemand weiß genau, wie lange sich das Leiden noch hinzieht. Daher wird die psychische Belastung des betroffenen Mitarbeiters sogar noch zunehmen und die sonst nicht auftretenden Flüchtigkeitsfehler werden weiterhin vorkommen, sogar häufiger.

Was kann der Chef in der Übergangszeit tun?

- Bezahlten
  oder auch
- unbezahlten Urlaub gewähren,
- die Arbeitszeit vorübergehend reduzieren,
- den Mitarbeiter von sehr anstrengenden Aufgaben, nach erfolgreicher Rücksprache mit den betroffenen Kollegen, zum gegenwärtigen Zeitpunkt entlasten

Die Zugeständnisse der Führungskraft können nur für einen klar überschaubaren Zeitraum gelten. Dann hat der Mitarbeiter entweder sein Problem im Griff oder sein Vorgesetzter muss grundsätzliche Entscheidungen treffen. Das muss auch dem Mitarbeiter verdeutlicht werden, damit dieser sich keinen Illusionen hingibt.

*Beispiele*
für Maßnahmen über eine einvernehmliche Vertragsänderung oder eine Änderungskündigung, je nach Einsicht des Mitarbeiters:

- Eine weniger anspruchsvolle und deshalb auch schlechter bezahlte Tätigkeit, z.B. hat eine Mitarbeiterin eine kooperationsmäßig schwierige Aufgabe von hoher Verantwortung, die volle Konzentration verlangt. Sie erlebt immer wieder Psychoterror ihres früheren Mannes und stürzt sich gleichzeitig unüberlegt in eine Partnerschaft mit einem US-Soldaten, der in die Staaten zurückgeht, weshalb diese scheitert. Von sich aus bittet die Mitarbeiterin um eine weniger gut bezahlte Tätigkeit mit nur geringem Stress.
- Eine ständig verkürzte Arbeitszeit,
  z.B. zur Betreuung der Kinder nach dem Tod der Ehefrau.


## 12.2 Zu geringe Selbstbeherrschung des Vorgesetzten

1) *Der Chef ist Choleriker*
a) **Beschreibung des Verhaltens**
Der cholerische Vorgesetzte „explodiert" gegenüber seinem Mitarbeiter z.B. im Kritikgespräch an Stellen, an denen dieser es nicht erwartet hätte. Deshalb erschrickt der Mitarbeiter massiv, wenn er erstmalig den „Anfall" erlebt. Wer dagegen mit dieser Führungskraft als Mitarbeiter schon längere Zeit und häufig zu tun hat, wird nicht erstaunt sein. Er weiß ungefähr, wann das Erdbeben auftreten kann, da er Erfahrungswerte besitzt und entsprechend sensibel geworden ist.
Der cholerische „Anfall" zeigt sich z.B. durch

- plötzliches Brüllen
- Drohungen verbaler ggf. auch körperlicher Art
- das Werfen von Gegenständen.

b) **Die Ursachen**
Es handelt sich beim cholerischen Handeln nicht um ein erbmäßig festgelegtes Tun, das deshalb hinzunehmen wäre. In Wirklichkeit liegt die Nachahmung eines gleichen Verhaltens bei Personen vor, die dem Vorgesetzten oft schon in seiner Kindheit oder Jugend durch entsprechende Erfolge imponiert haben. Folglich lässt es sich mehr oder weniger stark eindämmen, aber kaum ganz abbauen.
c) **Reaktionen der betroffenen Mitarbeiter**
*Falsches Verhalten*
Der Mitarbeiter will sich nicht so behandeln lassen. Entweder wird er ebenfalls lautstark oder er wehrt sich verbal.

Die Folge: Der Konflikt eskaliert, was das gegenseitige Übertönen oder wechselseitige Beleidigungen betrifft, bis hin zum Verweis des Mitarbeiters aus dem Raum, in dem sich beide befinden. Am längeren Hebel sitzt im Regelfall der Vorgesetzte.

Falsch ist ebenfalls das „Ducken" des Mitarbeiters. Er lässt den cholerischen Anfall wie ein Gewitter über sich ergehen. Deshalb hält der Chef seine Kritik nicht nur inhaltlich, sondern auch formal für richtig, nach der Devise:
Eine richtige Abreibung war für den Mitarbeiter einmal fällig.
Der Mitarbeiter frisst den Ärger in sich hinein.

*Richtiges Verhalten*
Während des cholerischen Anfalls tut der Mitarbeiter nichts, was seinen Vorgesetzten reizen könnte. Hat sich dieser beruhigt, was bedeutend schneller geschieht als bei Gegenwehr, kann es dazu kommen, dass

- die Führungskraft sich von allein entschuldigt, weil sie ihre Unbeherrschtheit selbst erkannt hat.
- der Mitarbeiter den Vorfall anspricht, weil es der Vorgesetzte nicht von sich aus getan hat. Er müsste dem Chef verdeutlichen, dass dieser, trotz seiner unter Umständen berechtigten Erregung, nicht so mit einer ihm unterstellten Person umgehen darf, weil er die Persönlichkeit des anderen missachtet.

In der Regel wird das „Kritikgespräch" des Mitarbeiters mit seinem Chef erfolgreich sein, weil dieser Einsicht zeigt. Es gibt aber Vorgesetzte, die es noch in unserer Zeit für ihr Privileg halten, mit Mitarbeitern (= Untergebenen) derart umspringen zu dürfen.

*Beispiel:*
Ein entsprechend brutaler Verkaufsdirektor, der zu seinem Verhältnis zu den Mitarbeitern befragt wird, antwortet lapidar:
„Ich komme mit ihnen aus, sie aber nicht mit mir!"
Zeigt ein cholerischer Chef Uneinsichtigkeit, sollte der Mitarbeiter sich bei dessen Vorgesetzten beschweren und hilft dies auch nichts, den Fall dem Betriebs- oder Personalrat melden.

d) **Die Arbeit des Vorgesetzten an sich selbst**
Im Laufe des Berufslebens wird ein cholerischer Chef erkennen müssen, dass er diese Lebensweise nicht ungestraft beibehalten darf. Einige massive negative Auswirkungen:

- In einer an sich für ihn vorteilhaften Situation kommt es zu Nachteilen, da er unsachlich geworden ist.
- Ein bisher gutes zwischenmenschliches Verhältnis zu anderen Personen im Betrieb oder auch zu externen Partnern kann sich auf Dauer deutlich verschlechtern.
- Die mit dem cholerischen Anfall verbundene Aufregung kann sich physisch negativ auswirken.

*Was kann der Vorgesetzte tun?*
- Der sicherste Weg ist, rechtzeitig den Situationen, die für ihn bedrohlich sind, auszuweichen. Das kann auch heißen, bestimmte Themen im Gespräch bewusst nicht anzuschneiden.
- Jemanden, der ihn gut kennt, ihm wohlgesinnt und zugleich ein aufmerksamer Beobachter ist, darum bitten, unauffällig einzugreifen, wenn die Gefahr einer cholerischen Reaktion droht.
- Bei der Auseinandersetzung mit einem anderen Choleriker so lange Selbstbeherrschung haben, bis dessen Anfall vorübergegangen ist.

2) *Andere Formen unbeherrschten Vorgehens*
a) **Nachtragendes Verhalten**
Ein Mitarbeiter hat zu irgendeinem Zeitpunkt seinen Chef bitter enttäuscht. Er hat z. B.
- verschlafen.
- einen schwerwiegenden Flüchtigkeitsfehler begangen.
- zu geringes Durchsetzungsvermögen bei einer einzigen Verhandlung gezeigt.
- Probleme mit einem Mitarbeiter gehabt.

Diese schwerwiegende negative Erfahrung hat sich tief im Vorgesetzten festgesetzt. Tritt erneut ein ähnlich gelagertes Fehlverhalten auf, versteift sich das Urteil endgültig. Deshalb kommt es z. B. zu diesen negativen Aussagen im Kritikgespräch:
„Von Ihnen konnte ich nichts anderes erwarten!"
„Das habe ich mir schon gedacht!"
„Das ist typisch für Sie!"
Die Führungskraft prüft nicht mehr, ob
- und wieweit sich beide Vorfälle unterscheiden
- die gleichen Ursachen für den Fehler vorliegen
- die bisher angenommene Voraussetzung für das falsche Verhalten stimmt.

Die Gesprächsatmosphäre ist von Beginn an angespannt; denn
- der Vorgesetzte fühlt sich in seiner negativen Einstellung bestätigt
- der Mitarbeiter sieht sich ungerecht behandelt.

Beide sind verärgert.
*Gibt es Auswege aus der verfahrenen Situation für den Chef?*
- Ein festes Urteil setzt voraus, dass es sich bei dem angenommenen Fehlverhalten um eine typische (= prägende) Eigenschaft handelt. Davon darf eine Führungskraft aber erst ausgehen, wenn der Mitarbeiter sie immer wieder gezeigt hat. Stimmt dies im vorliegenden Fall?

- Da ein Mensch nur sehr selten ohne fremde Unterstützung erkennt, ob er Vorurteile hat, sollte der Chef Kollegen zu diesem Mitarbeiter befragen, jedoch ohne Manipulationsversuch, also ganz offen: „Wie schätzen Sie diesen Mitarbeiter, seine Stärken und Schwächen ein?" Vielleicht erfährt der Vorgesetzte zu seiner Überraschung, dass der Kollege den „schwerwiegenden" Fehler seines Mitarbeiters auch bei nachfassenden Fragen nicht erkennt.
- Eine große Rolle spielt, welchen Stellenwert der Chef einem bestimmten Verhalten gibt.

  *Beispiel: Bedeutung der Pünktlichkeit*
  Für den einen muss sie immer gegeben sein, der andere gesteht einem Mitarbeiter in bestimmten Ausnahmesituationen zu, einen anderen Wert der Pünktlichkeit vorzuziehen.

b) **Arroganz**

*Erscheinungsformen*

Dieses überhebliche Auftreten des Vorgesetzten zeigt dem Mitarbeiter, dass nicht nur ein Über- und Unterstellungsverhältnis zwischen beiden vorliegt, sondern auch eine andere massive Kluft.

*Beispiele:*

- Der Akademiker gegenüber dem Nichtakademiker
- Der Theoretiker gegenüber dem Praktiker und umgekehrt
- Der Kopf- gegenüber dem Handarbeiter
- Der Deutsche gegenüber dem Ausländer, besonders aus einem Entwicklungsland
- Der Vorgesetzte mit langjähriger Betriebszugehörigkeit gegenüber dem „Unternehmensneuling"
- Der Techniker gegenüber dem Kaufmann und umgekehrt

*Erscheinungsformen im Kritikgespräch*

Der arrogante Chef verdeutlicht seinem Mitarbeiter, dass

- dieser eine Anweisung fachlich nicht verstehen konnte und dass dies auch bei der Kritik der Fall sein wird.
- dessen Wissen und Können für die übertragenen Aufgaben nicht ausreicht oder, noch gefährlicher, zu Fehlentscheidungen führen muss.
- dieser die betrieblichen Gegebenheiten, generell die Betriebspraxis, viel zu wenig kennt, um eine Aufgabe sachgerecht und schnell genug erledigen zu können.

Eigentlich stellt der Mitarbeiter einen hoffnungslosen Fall dar.

Das Fehlverhalten des Chefs kann zu entgegengesetzten Reaktionen beim kritisierten Mitarbeiter führen:

- Er ist völlig demoralisiert und zweifelt grundlegend an seinem Können oder

- es findet ein ewiger Krieg statt, bei dem jede Seite versucht, der anderen nachzuweisen, dass sie die besseren Karten hat, z.B. zwischen dem jüngeren Vorgesetzten und dem viel älteren Mitarbeiter:
Der Chef beweist dem Praktiker theoretische Defizite und mangelnde Innovationsfähigkeit und -bereitschaft. Der Mitarbeiter zeigt seinerseits dem Vorgesetzten, dass dessen Erneuerungsversuche viel zu betriebsfremd sind und deshalb zwangsläufig, wie alle früheren Versuche, an den praktischen Gegebenheiten scheitern werden.

*Die wahren Ursachen für die Problematik*

Zur Einführung zwei Beispiele:

1) Ein Facharbeiter mit Hauptschulabschluss soll einen Abiturienten als Auszubildenden führen, unterweisen und anleiten. Er fühlt sich diesem jungen Menschen intellektuell stark unterlegen, weiß sich aber zu helfen: Der Facharbeiter stellt eine praktische Aufgabe, die der Abiturient auf keinen Fall mit seinem gegenwärtigen Wissen lösen kann und beweist ihm so, wie wenig ihm das Abitur bei der praktischen Ausbildung hilft.

2) Gleiches kann auf akademischem Niveau stattfinden: Ein erfahrener Praktiker, aber kein Jurist, soll einen Juristen einweisen, der auf das im Studium Gelernte stolz ist. Der Praktiker beweist ihm, dass er längst entschieden und gehandelt hat, während der Jungakademiker noch immer – und damit betrieblich viel zu lange – das Pro und Contra abwägt.

## 12.3 Das grundsätzlich gestörte zwischenmenschliche Verhältnis

1) *Typische Auswirkungen auf das Kritikgespräch*

a) **In der Körpersprache**, z.B.

- Fehlender
  oder
  sehr strenger Blickkontakt
- Harte Mimik
- Verzicht auf jede Gestik
  oder
  bedrohende Handbewegungen
- „Oberlehrerhafte" Gestik

b) **In der Sprechweise**, z.B.

- Bedeutend lauter als üblich
- Hektisch wegen der starken Erregung des Chefs
- Monolog ohne Pausen

c) **Im sprachlichen Ausdruck**, z. B.
- Kurze Sätze, dennoch mit Satzabbrüchen
- Ausgesprochen harte bis aggressive Formulierungen
- Befehlsstil

d) **In der Argumentation**, z. B.
- Unterstellungen negativer Art
- Betonung der Unfähigkeit des Mitarbeiters,
- auch gleichzeitig seiner Unwilligkeit
- Androhung von Sanktionen,
  da alle anderen Versuche zum Scheitern verurteilt seien
- Emotionale Ablehnung der Person des Vorgesetzten
  bis hin zum Vorwurf der „Sabotage"

e) **Häufige Reaktionen des kritisierten Mitarbeiters**

Zwischenmenschliche Abneigung auf der einen Seite führt häufig zu Antipathie auf der anderen, wenn sie nicht von Beginn an bereits bestand und ständig zugenommen hat. Das zeigt sich im Kritikgespräch bis hin zur absoluten Eskalation (= gegenseitiges Anschreien) ggf. Abbruch durch die Führungskraft oder den Mitarbeiter.

2) *Mögliche Ursachen*

a) **Gegensätzliche Grundstandpunkte**

im Hinblick auf das Menschenbild und deshalb auch das Führungsverhalten geht der Vorgesetzte z. B. davon aus, dass seine Mitarbeiter jedes Mittel nutzen, um der Arbeit auszuweichen und viel weniger leisten, als sie es von ihren Fähigkeiten her könnten. Sie müssen daher ständig unter Druck gesetzt werden.

Der Mitarbeiter dagegen ist überzeugt davon, dass er auch ohne Druck aus eigener Initiative das leistet, was er vermag. Er fühlt sich deshalb absolut falsch (=unfair) behandelt.

b) **Der Mitarbeiter als „Erblast"**

Ein vom jetzigen Chef als unfähig eingestufter Vorgänger hat diesen Mitarbeiter eingestellt und gefördert (=„protegiert"). Der neue Vorgesetzte möchte sich am liebsten sofort von ihm trennen, darf dies aber nicht, weil es entweder die Unternehmensleitung nicht will oder der Mitarbeiter einen besonderen Kündigungsschutz genießt. Der Chef ist also gezwungen, mit ihm mehr oder weniger gut zurecht zu kommen. Die Verachtung des Vorgängers, die er diesem nicht mehr zeigen kann, überträgt er auf den Mitarbeiter, der sich ständig ungerecht behandelt fühlt.

c) **Der besserwisserische Mitarbeiter**

Er ist intellektuell oder fachlich seinem Chef überlegen, was er ihm immer wieder dokumentiert. Der Vorgesetzte fühlt sich in seiner persönlichen und fachlichen Autorität bedroht und kämpft deshalb mit dem Rücken zur Wand.

Aus dem Dauerkonflikt wird häufig eine zwischenmenschliche Feindschaft. Der Chef versucht nicht nur, fachlich dem Mitarbeiter Schwächen nachzuweisen, sondern bringt entsprechende Kritik auch hämisch vor.

d) **Unterschiedliche Lebensstile**
Man könnte den Standpunkt vertreten, dass die private Lebensgestaltung keinen Einfluss auf die Arbeit im Betrieb haben kann und darf. Eine entsprechende klare Trennung ist aber nicht möglich, weil z.B.

- in Arbeitspausen über private Aktivitäten diskutiert wird.
- Grundverhaltensweisen wie die des Mannes zur Frau und umgekehrt auch im Betrieb deutlich werden.
- rücksichtslose Raucher auf fanatische Nichtraucher treffen.
- das Freizeitverhalten auf die Arbeitsfähigkeit einwirkt.
- die Art sich zu kleiden sehr unterschiedlich sein kann.

Dem kann die Führungskraft – berechtigt oder nicht – Stoff für ein Kritikgespräch entnehmen.

### 3) *Chancen zum Abbau der gestörten Beziehung?*

a) **Die wichtige Grunderkenntnis**
Für die am Kritikgespräch Beteiligten muss die wesentliche Erkenntnis sein, dass es nicht um ein bestimmtes zu kritisierendes Verhalten geht, sondern dass dieses nur einen Aufhänger darstellt. Der Chef kann dem Mitarbeiter wieder einmal zeigen, dass er ihn nicht mag. Deshalb kann die betrieblich notwendige Verbesserung der Beziehung nur beim Grundsätzlichen ansetzen.

b) **Der Chef als notwendiger aktiver Gesprächsteilnehmer**
Der Vorgesetzte müsste als Führungskraft und Gesprächsleiter auf seinen Mitarbeiter zugehen. Er soll den Mut haben, die konkrete Kritik beiseite zu schieben und das dahinter liegende eigentliche Problem offen anzusprechen. Dies kann je nach Selbstbeherrschung des Vorgesetzten trotz der starken negativen Emotionen und der Sicherheit im Führen schwieriger Gespräche unterschiedlich geschehen:

- Er fragt seinen Mitarbeiter nach der Ursache für die schlechte Gesprächsatmosphäre, indem er Beobachtungen wiedergibt, die klar darauf hinweisen. Notwendig ist die Beschränkung auf Gehörtes und Gesehenes, also auf neutrale und leicht nachprüfbare Fakten. Wertungen muss der Vorgesetzte auf jeden Fall unterlassen, da diese mit negativen Emotionen verbunden sind und damit sofort das Klima weiter verschlechtern. Die Beobachtungen müssen beide Gesprächspartner betreffen, in erster Linie das eigene Verhalten.

Anschließend ist eine Überlegungsphase für den Mitarbeiter notwendig, die lange genug sein muss, so dass er sich mit den unter Umständen überraschenden Ausführungen des Chefs auseinandersetzen kann. Möglich und legitim ist, dass der Mitarbeiter sich Bedenkzeit ausbittet.

Blockt der Mitarbeiter die ehrlichen Bemühungen des Vorgesetzten ab, muss dieser sich nicht rechtfertigen, weil er das getan hat, was seine Pflicht war. Das Nichteinlassen des Mitarbeiters auf die wahre Ursachenerforschung offenbart der Führungskraft, wie tief die Kluft zwischen ihnen bereits geworden ist. Allein können sie nicht mehr zueinander finden; sie benötigen einen fairen Mittler. So verfahren darf die Situation zwischen Chef und Mitarbeiter auf Grund der gemeinsamen Aufgabenerfüllung im Interesse des Betriebes nicht bleiben!

- Der Vorgesetzte sagt offen heraus, weshalb er keinen Zugang zu diesem Mitarbeiter findet, z. B. wegen grundlegend unterschiedlicher Denk- und Verhaltensweisen. Dieses Vorgehen kommt einer Flucht nach vorne gleich. Er geht direkt auf den Kernpunkt der Auseinandersetzung zu. Damit verbunden ist die Erörterung, ob es zwischen ihnen dennoch zu einer einigermaßen sinnvollen Zusammenarbeit kommen kann oder ob es besser ist sich zu trennen. Da es um ein persönliches, nicht um ein fachliches Problem geht, muss der Chef bereit sein, nachhaltig darauf einzuwirken, dass sein Mitarbeiter in einem anderen Bereich eine angemessene Aufgabe erhält. Das kann der Mitarbeiter zu Recht von seinem Vorgesetzten erwarten.

- Die Führungskraft schlägt vor, das unerfreuliche Kritikgespräch zunächst abzubrechen, weil nicht die geringste Aussicht auf einen positiven Verlauf besteht. Das erneute Gespräch sollte einige Tage später stattfinden, wenn die Wogen sich etwas geglättet haben. Beide sollen noch einmal ruhig über den auslösenden Kritikpunkt und das sich daraus ergebende emotionsgeladene Gespräch nachdenken.

## c) **Die Gesprächsanalyse durch den Chef**

Die schlechteste Reaktion des Chefs auf das Gespräch ist massive Verärgerung über den kritisierten Mitarbeiter, dem er alle Schuld am missglückten Dialogverlauf gibt. Stattdessen ist ein kritischer Gesprächsrückblick notwendig.
Der Vorgesetzte muss sich offen Fragen stellen:

- War der Gesprächseinstieg bereits zu negativ gefärbt, z. B. durch die Grundstimmung:
  „Von diesem Mitarbeiter ist nichts Positives zu erwarten"?

- Wie waren sein Gesprächston, der Blickkontakt sowie die gewählten Worte?

- War die Kritik angemessen im Hinblick auf die Bedeutung des zu behandelnden Kritikpunktes?

- Hatte der Mitarbeiter eine Chance, sich ausreichend rechtfertigen zu können oder
  hat der Vorgesetzte ihn sofort unterbrochen, um mit den eigenen kritischen Ausführungen fortzufahren?

- Hat er Gegenargumente ernsthaft erwogen
  oder
  sofort abgelehnt?
- Gab es irgendwann im Gespräch ein Zugeständnis?
- Kann er neutral das Auftreten und Verhalten seines Mitarbeiters beschreiben?

**d) Anforderungen an den Vorgesetzten beim erneuten Gespräch**

Er muss alles in seiner Kraft Stehende unternehmen, damit das Gespräch nicht ebenso scheitert wie das erste.

Der Chef sollte vor allem Folgendes beachten:

- Ernsthaft darüber nachdenken, was er unternehmen kann, um seine starken negativen Emotionen sicherer zu steuern.
- Sich in die Situation des Mitarbeiters besser als bisher hineinversetzen: Wie fühlt sich der Mitarbeiter in diesem Kritikgespräch? Was erwartet er von seinem Chef?
- Wie überzeugend sind meine Kritikargumente?
- Ich kann einen Mitarbeiter nur überzeugen, wenn ich ihm genügend Raum für Ein- oder Vorwände lasse. Ein Monolog dagegen muss zum Misserfolg führen.
- Will ich überhaupt ernsthaft das zwischenmenschliche Verhältnis verbessern? Geht es nur um meinen persönlichen Sieg oder um die gemeinsame Aufgabenerfüllung für den Betrieb?

**e) Der notwendige Eingriff eines Mediators**

Der Vorgesetzte oder beide stellen fest, dass sie trotz ernsthafter Bemühungen nicht zueinander finden können, aber aus betrieblichen Gründen ein besseres zwischenmenschliches Verhältnis haben müssen. Welche dritte Person kann Erfolg versprechend vermitteln?

Mögliche Alternativen:

- Der unmittelbare Vorgesetzte des Chefs
- Der Leiter der Personalabteilung
- Ein Psychologe
- Ein Außenstehender

*– Der unmittelbare Vorgesetzte des Chefs –*

Im Hinblick auf die betrieblichen Hierarchiestrukturen liegt es nahe, die Problemlösung auf die nächste Ebene zu verschieben. Dabei sind diese Punkte zu beachten:

- Wird dieser Chef nicht aus falsch verstandener Führungssolidarität Partei für seinen unmittelbaren Mitarbeiter ergreifen, vor allem, wenn er ihn selbst in die heutige Position gehoben hat?
- Gibt es Konflikte zwischen beiden, vielleicht auch solche zwischenmenschlicher Natur, so dass der übergeordnete Vorgesetzte froh ist, der unterstellten

Führungskraft aus einer Misere herauszuhelfen, wozu diese nicht selbst fähig ist?

*– Der Leiter der Personalabteilung –*

Die Vermittlung durch den Personalleiter hat zwei Vorteile:

- Er ist viel weniger in das Problemfeld involviert als der Vorgesetzte des Chefs und deshalb neutraler.
- Personalleiter sind es von ihrer täglichen Arbeit gewohnt, schwierige Gespräche zu führen.

Voraussetzung ist die Akzeptanz durch die Mitarbeiter, die nicht selten die Personalabteilung als verlängerten Arm der Geschäftsleitung kritisieren.

*– Ein Psychologe –*

Der Psychologe ist kein Inhaber einer Führungsposition wie der nächsthöhere Chef und der Personalleiter, was zu mehr Aufgeschlossenheit beim Mitarbeiter führt. Er muss aber

- die betrieblichen Verhältnisse gut genug kennen.
- nicht als Fachmann zu imponieren versuchen, sondern hinter seine Mittleraufgabe zurücktreten.

*– Ein Außenstehender –*

Der Vorteil des Externen ist zugleich sein Nachteil:

- Er sieht die gesamte Problematik als Außenstehender,
- ist also in keine zwischenmenschliche Beziehung eingebunden.

Damit kann er alle betrieblichen Vorkommnisse neutraler betrachten, aber versteht er sie auch?

## f) Die Einstellung der Beteiligten zum Mediator

Vorgesetzter und Mitarbeiter

- dürfen sich erst an ihn wenden, wenn sie keinen anderen Ausweg mehr sehen. Dies müsste auch der Mediator vor seinem Eingreifen gewissenhaft prüfen.
- müssen ihre Argumente und die wahren Ursachen für ihren Streit offen legen und nicht versuchen, den Mediator in ihrem Sinne zu manipulieren. Dieser wiederum muss solche Versuche rechtzeitig erkennen und bereits im Keim ersticken.
- haben sich seiner Entscheidung zu unterwerfen, auch wenn sie nicht so ausfällt, wie der jeweilige Beteiligte zu seinen Gunsten erwartet oder erhofft hat, und dürfen nicht bereits mit einer höheren Instanz liebäugeln.
- müssen ernsthaft versuchen, die stark gestörte zwischenmenschliche Beziehung so weit wie möglich zu verbessern und deshalb ehrlich bereit sein, dem anderen entgegenzukommen.
- sollten sich klar darüber sein, dass nicht das Vorgesetzten-Mitarbeiter-Verhältnis entscheidend sein darf, sondern das Erzielen eines besseren zwischenmenschlichen Verhältnisses unter zwei Personen, auch wenn sie betrieblich nicht gleichgestellt sind.

# 13. Checklisten

## 13.1 Wie gehe ich als Vorgesetzter mit Kritik um?
### = Passive Kritikfähigkeit

Es würde nahe liegen, mit einer anderen Frage zu beginnen, die ich erst später behandele:
Wie kritisiere ich?
Voraussetzung für eine angemessene Kritik ist, dass der Chef selbst mit fremder Kritik an seinem eigenen Verhalten umgehen kann. Das ist notwendig, damit der Vorgesetzte sich gut genug in die Situation des zu kritisierenden Mitarbeiters hineinzuversetzen vermag. Nur dann hat der Chef eine Chance, den Mitarbeiter zu überzeugen.
Passive Kritikfähigkeit besitzt nur eine Führungskraft mit angemessenem Selbstwertgefühl. Deshalb darf auch der zu kritisierende Mitarbeiter seine Kritik am Verhalten des Chefs vorbringen, und er wird ernst genommen, statt umso heftiger kritisiert zu werden.

**Checkliste:**
1) *Wie betroffen fühle ich mich bei Kritik?*
- Erwarte ich Kritik,
  weshalb ich sie erbitte/darauf dränge?
- Bin ich
  - erschreckt,
  - verärgert,
  - deprimiert,
  vor allem, wenn ich unerwartet kritisiert werde?

2) *Was ist meine typische erste Reaktion?*
- Offenheit
  Worin besteht die Kritik genau?
  Weshalb habe ich selbst den Fehler nicht bemerkt?
- Abwehr
  Warum kritisiert er mich?
  Will er mir was?
  Wie kommt er dazu, mich zu kritisieren?

3) **Von wem kommt die Kritik?**

In ihrer Bedeutung für mich:

Von

- der Geschäftsleitung?
- dem unmittelbaren Vorgesetzten?
- einem Kollegen?
- einem Mitarbeiter?
- einem Außenstehenden, z B. Kunden?

Ist für mich

der Inhalt oder

der Urheber

der Kritik wesentlicher?


4) **Wie verhalte ich mich grundsätzlich gegenüber Kritik?**

- Beginne ich sofort mit
  - Erklärungen?
  - Entschuldigungen?
  - Verteidigungsversuchen?

  oder

  lasse ich mein Gegenüber voll ausreden,
  auch wenn dies längere Zeit dauert?
- Frage ich erst gezielt nach, um die geübte Kritik genauer erfassen zu können
  oder
  beginne ich gleich mit meinen Ausführungen?


5) **Wie ernst nehme ich stark emotionale Kritik?**

Sie überlagert deutlich die sachlichen Gegebenheiten, verfälscht ggf. auch durch ihre subjektive Wertung die Fakten.

a) Was tue ich normalerweise in dieser Situation?

- Werfe ich dem anderen Voreingenommenheit vor?
- Versuche ich den sachlichen Kern der Kritik herauszufinden?
- Beschäftige ich mich intensiv mit dem Problem, weshalb der Kritisierende nicht sachlich bleiben wollte/konnte?

b) Trenne ich persönlich klar

- die Fakten
  und
- die subjektive Betroffenheit des anderen?

c) Befasse ich mich

- zunächst rein sachlich mit der Kritik, um sie zu begreifen und in richtiges Verhalten umzusetzen, oder
- sofort mit der subjektiven Wertung und was diese ausgelöst hat?

d) Spreche ich zu gegebener Zeit offen das emotional gestörte Verhältnis zum Kritisierenden an?

6) *Wie verarbeite ich Kritik?*
Gehe ich in diesen Phasen systematisch vor?
a) Endgültige Klärung der Kritik in ihren Details?
b) Wie kam es bei mir zu diesem Fehler?
c) Hat er negative Konsequenzen ausgelöst, wenn nicht, welche Nachteile hätten sich ergeben können?
d) Was kann ich schnellstens zur Lösung des Problems beitragen?
*und sehr wichtig:*
e) Wie will ich in Zukunft generell den Fehler vermeiden?

7) *Persönliche Antwort auf die Kritik*
a) Bin ich froh, vom Fehler erfahren zu haben und bedanke ich mich deshalb ehrlich und fordere den anderen auf, mir auch in Zukunft rechtzeitig Kritisches zu sagen?
b) Ist mein Dank rein floskelhaft, weil „man das so tut"?
c) Bin ich eigentlich verärgert und
  • sage deshalb bewusst nichts Persönliches?
  • versuche dem anderen zu verdeutlichen, wo seine Fehler liegen?
  • reagiere schroff, damit zumindest dieser Mensch mich nicht wieder mit Kritik behelligt?

**13.2 Was überlege ich grundsätzlich vor Kritik am Mitarbeiterverhalten, wenn ich eine Aufgabe zur selbstständigen Erledigung delegiert habe?**

1) *Habe ich mit diesem Mitarbeiter die richtige persönliche Auswahl getroffen?*
a) Ist er grundsätzlich fachlich ausreichend fähig?
z.B.• Qualifikation?
  • Berufserfahrung?
b) Ist er von seiner Persönlichkeit her geeignet?
z.B.• Gewissenhaftigkeit und Zuverlässigkeit?
  • Einsatzbereitschaft und -fähigkeit?
  • Konzentration und Durchhaltevermögen?
c) Ist er gesund genug (=stressstabil)?
z.B.• Rechtzeitiges Treffen schwerwiegender Entscheidungen?
  • Physische Belastung (= häufige Überstunden)?
  • Psychische Stabilität (= Konfliktfähigkeit der Person)?

2) *Habe ich ihn gut genug in seine Arbeit eingewiesen*
im Hinblick auf
a)  eine allgemeine Einweisung in seine Aufgaben?
b)  die spezielle Information über die Besonderheiten der Tätigkeit?
c)  die Aktualität der Unterrichtung?
- Weiß der Mitarbeiter alles Notwendige über Änderungen seit der ersten Einweisung?
- Ist seitdem zu viel Zeit verflossen, so dass eine Wiederholung notwendig gewesen wäre?

3) *Habe ich meine Kontrollpflicht als Vorgesetzter wahrgenommen?*
a)  Habe ich
- häufig
und
- genau
genug kontrolliert, vor allem im Hinblick auf die Persönlichkeit des Mitarbeiters?
b)  Hat er von mir stets eine aussagekräftige Rückmeldung erhalten:
- begründetes Lob
oder/und
- konstruktive Kritik?
c)  Habe ich geprüft, ob der Mitarbeiter die notwendigen Verbesserungen vorgenommen hat?

4) *Handelte es sich um eine für den Mitarbeiter geeignete Aufgabe?*
a)  Besaß der Mitarbeiter für die missglückte Arbeit die notwendigen Entscheidungskompetenzen?
b)  Fiel die gescheiterte Arbeit aus dem Rahmen der delegierten Aufgabe heraus?
Hätte ich das Problem nicht rechtzeitig erkennen und eingreifen müssen?

### 13.3  Was muss ich im Einzelfall vor einer Kritik abwägen?

1) *Wieweit trifft mich als Vorgesetzter ein Mitverschulden?*
a)  Waren das Ziel und die sich daraus ergebende Aufgabenstellung klar genug
oder
kann es zu einem Missverständnis gekommen sein?
b)  Habe ich als Information zu viel vorausgesetzt, weil ich selbst als Fachmann auf diesem Gebiet tätig bin und mich zu wenig in die Situation des Mitarbeiters hineinversetzte?

c) War der Mitarbeiter durch seine Aufgabe überfordert, ohne dass ich als Chef von mir aus helfend eingriff?

d) Konnte ich von ihm die notwendigen Nachfragen erwarten

oder

musste er Kritik fürchten, weil ich ihm zuvor bereits mehrfach deutlich gemacht habe,

- dass ich absolut selbstständiges Tun von ihm erwarte?
- dass ich unter massivem Zeitdruck stehe und deshalb nicht gestört werden wollte?

2) *Welche Rahmenbedingungen herrschten zum Zeitpunkt des Fehlverhaltens?*

a) Wie stark war der nicht vom Mitarbeiter verursachte Zeitdruck?

b) War die Prioritätenfolge der Aufgaben klar

oder

leicht vom Mitarbeiter erkennbar?

d) Konnte der Mitarbeiter beim vorhandenen Zeitdruck die geforderte

- Qualität

und/oder

- Quantität

überhaupt erbringen?

3) *Wie war die Situation hinsichtlich der sachlichen Gegebenheiten?*

a) Existierten die erforderlichen Hilfsmittel

in ausreichender

- Anzahl

und

- Güte

zum vorgegebenen Zeitpunkt der Arbeitsleistung?

*Beispiele:*

- PC-Software
- Fachliteratur auf neuestem Stand
- geeignetes Werkzeug

b) Welche Rahmenbedingungen können negativ auf die Leistung eingewirkt haben?

*Beispiele:*

- Häufige Störungen
- Lärm
- Hitze
- Schlechte Lichtverhältnisse
- Raumenge

c) Waren die Ausgangsvoraussetzungen für eine gute Leistung gegeben?
*Beispiele:*
- Lagen die Arbeitsergebnisse der vorhergehenden Bereiche
  - rechtzeitig,
  - in ausreichender Menge und
  - Güte
  zum Beginn der zu verrichtenden Arbeit vor?
- Herrschte Klarheit über
  - den Zeitpunkt?
  - die Form der Zusammenarbeit?

**4) *Wie war die Personalsituation?***
Hatte der Mitarbeiter
- zum Zeitpunkt der Aufgabenstellung
- genügend personelle Unterstützung
  was Güte und Menge betrifft
- Auch ausreichend lange genug?

**5) *Wie wäre ich selbst vorgegangen?***
a) Was hätte ich
- wie
- wann
- aus welchem Grund
besser als mein Mitarbeiter gemacht?
b) Sind meine Vorstellungen realistisch im Hinblick auf
- Können
  und
- Persönlichkeit des Mitarbeiters
  oder
  gehe ich zu sehr von mir selbst aus, mache mich zum Maßstab des Handelns?
c) Wieweit hätte ich als Chef günstigere Voraussetzungen als mein Mitarbeiter gehabt
oder auch
wegen meiner langjährigen Kenntnis
- des Betriebs
- seiner Organisationsstruktur
- seiner Menschen?

## 13.4  Welche Motive bewegen mich bei meiner Kritik?

**1)  Sachliche Beweggründe**
Ich muss das Problem schnellstens aus der Welt schaffen.

2)  Ich bedauere es sehr, dass ich *diesen* Mitarbeiter kritisieren muss, weil ich ihn mag.
Es besteht die Gefahr, dass ich
a)  zu spät
oder
b)  überhaupt nicht kritisiere
und
c)  wenn, dann zu weich.

3)  Ich bin froh, dass ich kritisieren muss, weil ich z.B.
a)  die Arroganz des Mitarbeiters abbauen kann
b)  Paroli für eine frühere Kritik dieser Person biete
c)  meine Macht als Chef zu demonstrieren vermag
d)  den Mitarbeiter besonders unsympathisch finde.

4)  Ich benutze den festgestellten Fehler, um dem Mitarbeiter konkret zu helfen:
a)  Es handelt sich um einen Mangel an einer sonst hervorragenden Leistung, durch dessen Beseitigung das Arbeitsergebnis fast optimal würde.
b)  Ich kann den Mitarbeiter auch auf diesem Sektor noch beträchtlich weiterentwickeln.
c)  Er weiß durch meine Hilfe, wie er die Schwachpunkte ausmerzen kann und damit verbesserte Aufstiegschancen besitzt.

5)  Ich muss den Mitarbeiter kritisieren, weil Übergeordnete dies von mir verlangen.
a)  Hätte ich auch ohne diesen Zwang kritisiert
oder
teile ich die Vorgehensweise meines Mitarbeiters
- im Grundsätzlichen
  oder
- sogar in allen Punkten?
b)  Weshalb habe ich dann nicht sein Verhalten nach oben hin verteidigt?
- Aus Opportunismus?
- Aus Angst?
- Aus Uninteressiertheit, ob ein Problem so oder anders gelöst wird?

Bei dieser Grundhaltung besteht die Gefahr, dass der Mitarbeiter meine Kritik nicht ernst nimmt und ggf. sein Fehlverhalten fortsetzt. Er hat aus

- Mimik
- Wortlaut
- Argumentation
- Weichheit der Kritik
- mangelndem Einsatz und Engagement

erkannt, dass ich nicht hinter meiner Kritik stehe.

Ist der Mitarbeiter boshaft, weist er auf diese deutliche Diskrepanz direkt hin, unter Umständen auf mein eigenes bisheriges Verhalten, das im Gegensatz zur geübten Kritik steht. Dies bringt den Vorgesetzten in zwischenmenschliche und sachliche Probleme, es sei denn, dass er überzeugend darstellen kann, was klar für die Forderung der übergeordneten Stelle spricht (dazu Anhang 3: Motivierung des Mitarbeiters bei fehlender Eigenmotivation).

## 13.5  Die grundsätzliche Vorgehensweise bei einem Kritikgespräch

*Leitsatz:*
Jeder Mensch, also auch der Vorgesetzte, kann einen anderen, in unserem Falle den Mitarbeiter, nur überzeugen, wenn er mit ihm einen Dialog führt.

*Die notwendige Phasenfolge in einem Kritikgespräch*
**1. Phase**
*Die Forderung nach Selbstanalyse im Anschluss an jede bedeutsame Tätigkeit,*
also nicht nur nach einer in den Augen des Vorgesetzten fehlerhaften;
denn die Selbstanalyse soll im Laufe des Berufslebens immer stärker an die Stelle der Fremdanalyse treten. Ein selbstständig arbeitender Mitarbeiter muss dies umso mehr tun, je höher er in der Führungshierarchie aufsteigt!

**1) Wie beurteilen Sie das Ergebnis Ihrer Arbeit?**
Die Frage soll nicht sofort auf Stärken und Schwächen ausgerichtet sein, sondern offen, um als Chef zu sehen, wie abgewogen die Analyse generell ist.

**2) Weshalb sehen Sie darin eine Schwäche?**
Es kann sein, dass der Mitarbeiter dort eine Schwäche sieht, wo sein Vorgesetzter von einer Stärke ausgeht oder umgekehrt. In diesem Fall muss der Maßstab für die Beurteilung besonders sorgfältig geprüft werden.

Sieht der Mitarbeiter die vom Chef erkannte Schwäche nicht, muss dieser nachfassen. Das geschieht am besten durch Beobachtungshinweise, nicht sofort Wertungen. Vielleicht hat der Mitarbeiter den zu kritisierenden Aspekt übersehen. Hat der Mitarbeiter die Schwäche erkannt, ist zu klären, ob beide von denselben Gründen ausgehen.

3) **Welche Ursachen sehen Sie für den Fehler?**
- Hat der Mitarbeiter bisher überhaupt darüber nachgedacht?
- Nennt er Gründe, die ihn von seinem Fehlverhalten entlasten sollen, oder nur Ursachen?

Dann fehlt ein wesentlicher Aspekt der Selbstanalyse, die eigene Betroffenheit!
Ein weitsichtiger Mitarbeiter würde an dieser Stelle ohne entsprechende Anleitung seines Vorgesetzten Vorschläge unterbreiten, wie für die Zukunft ein Fehler von der gleichen Art wie der begangene vermieden werden kann.

## 2. Phase
*Die negativen Auswirkungen des Fehlverhaltens*
Die Bedeutung eines falschen Verhaltens wird erst genügend klar, wenn der Mitarbeiter erkennt,
- welche negativen Folgen es bewirkt hat
  und
- von welcher Tragweite diese sind.

Probleme kann es beim Dialog des Chefs mit seinem Mitarbeiter geben,
1) hält dieser den Fehler für nicht besonders schwerwiegend, weil er z. B. massive mittelbare Auswirkungen nicht kennt oder kennen will.
2) hat eine andere Person das Fehlverhalten rechtzeitig wahrgenommen und im Idealfall jeden an sich möglichen Schaden verhindert. Damit ist das Versagen des Mitarbeiters nicht geringer – auch wenn dieser das annimmt –, weil die Schadensminderung oder -verhinderung mehr oder weniger auf einem Zufall beruht.
War dagegen mit Sicherheit anzunehmen, dass der Fehler noch rechtzeitig entdeckt würde, muss der Chef seine Kritik entsprechend vorsichtiger abfassen.
Auf jeden Fall muss der Vorgesetzte durch Nachfragen prüfen, wie ernst der Mitarbeiter seinen Fehler sieht und ihn entsprechend durch seine Gesprächsführung dahin lenken. Gelingt ihm dies nicht, wird der Mitarbeiter irgendwann den Fehler wiederholen.

## 3. Phase
*Die konkrete Bewältigung des Fehlers*
Im Dialog muss die nächste Frage des Chefs lauten:
1) **Wie wollen Sie schnellstens Ihren Fehler bereinigen?**
a) Hat der Mitarbeiter darüber bereits nachgedacht
oder
b) steht er noch unter dem psychischen Schock des Versagens
oder
c) hofft er auf Rettung durch seinen Vorgesetzten?

## Zu a)

Das ist nur möglich, wenn der Mitarbeiter den Fehler bereits vor dem Kritik-gespräch erkannt oder spontan während des Dialogs nach Lösungen gesucht hat.

## Zu b)

Ein guter Mitarbeiter, der bisher keinen schwerwiegenden Fehler begangen hat und diesen zum ersten Mal erkennen muss, kann dadurch tief deprimiert werden. Er hatte ein solches Fehlverhalten zwar anderen zugetraut, nicht aber sich selbst. Wenn es sachlich möglich ist, soll der Chef ihm Bedenkzeit einräumen.

## Zu c)

Ein sehr problematischer Fall, weil es dem Mitarbeiter am notwendigen Verant-wortungsbewusstsein fehlt, was weitere Kritik auslösen muss.

## 2) Können Sie den Fehler allein beseitigen?

Es geht auch jetzt wieder um eine angemessene Selbsterkenntnis.
Sieht der Mitarbeiter seine Fähigkeiten und deren Grenzen?
*Mögliche Antworten:*
a) Ich werde das Problem schnellstens beseitigen!
b) Ich benötige diese oder jene Hilfe durch Sie als Chef oder andere Kollegen.
c) Ich bin bei der Lösung überfordert; denn es müsste vorher noch Folgendes geschehen.

## Zu a)

Entspricht diese Antwort den konkreten gegenwärtigen Möglichkeiten dieses Mitarbeiters
oder
überfordert er sich eindeutig, weil er spontan reagiert und durch sein neues Handeln den Fehler möglichst schnell und vollständig ungeschehen machen will. Es handelt sich um einen Fall übertriebener Eilfertigkeit.

## Zu b)

Diese Antwort kann einen akzeptablen Weg darstellen, wenn der Mitarbeiter zu ihr gelangt, weil er sorgfältig alle wesentlichen Aspekte des Geschehens unter-sucht hat und deshalb zu einer differenzierten Lösung gelangt ist.

## Zu c)

Die Aussage verlangt viel Mut vom Mitarbeiter. Er gibt zu, dass er zumindest zum jetzigen Zeitpunkt das Problem nicht aus eigener Kraft bewältigen kann, noch nicht einmal mit Hilfe Dritter.

Die Ursachen dafür muss der Vorgesetzte sofort untersuchen, bevor weiteres Unheil geschieht:

- Hat er seinen Mitarbeiter nur unzureichend auf die Aufgabe vorbereitet? Wie kann er das schnellstens nachholen?
- Stellt das klare Nein eine massive Selbstunterschätzung dar? Wenn ja, wie konnte es dazu kommen?
- Muss der Vorgesetzte zur schwersten Maßnahme greifen und den Mitarbeiter zumindest von diesem Teil seiner Aufgaben entbinden? Wenn ja, muss er im Interesse der Sache selbst und aller Betroffenen unverzüglich den Mut dazu haben.

**4. Phase**
*Die Notwendigkeit der generellen Problemlösung*
Weder der Chef noch sein Mitarbeiter dürfen sich mit der konkreten Fehlerbeseitigung zufrieden geben, auch wenn dies häufig geschieht, durchweg mit der klassischen Ausrede: „Wir stehen jetzt unter zu starkem Zeitdruck; bei Gelegenheit werden wir uns damit eingehend befassen und gemeinsam eine grundsätzliche Lösung erarbeiten."
Mit dieser Entscheidung haben Chef und Mitarbeiter den Ernst der Lage nicht erfasst. Sie drücken sich vor ihrer Verantwortung. Das anvisierte Erarbeiten der generellen Lösung wird ausfallen; der nächste Fehler tritt mit Sicherheit auf.
Entweder handeln beide sehr kurzsichtig oder der Chef ist stolz darauf, ein erfolgreicher Trouble-shooter zu sein. Der viel schwierigeren strategischen Lösungssuche geht er klar aus dem Weg.

**5. Phase**
*Die Fixierung der gefundenen Ergebnisse*
1) Auf jeden Fall müssen festgehalten werden:
a) Das genaue Ziel des künftigen Vorgehens des Mitarbeiters
b) Die Art und Weise der geplanten Vorgehensweise
c) Die Terminierung, wenn das richtige Verhalten nicht sofort, sondern erst in Schritten erreicht werden kann.
d) Notwendige Selbst- und Fremdkontrollen

2) Das Verfassen des Ergebnisprotokolls
Heute schreiben noch viele Chefs selbst das Ergebnisprotokoll des von ihnen geführten Kritikgesprächs und geben es dem Mitarbeiter – wenn überhaupt – zur Unterschriftsleistung über die Kenntnisnahme. Der empfehlenswerte Weg dagegen ist die Übertragung der Aufgabe an den kritisierten Mitarbeiter. Auf diese Weise erreicht der Vorgesetzte Folgendes:
a) Er entlastet sich selbst.

b) Der Mitarbeiter muss sich beim Schreiben noch einmal den gesamten Gesprächsverlauf verdeutlichen.
   Selbstverständlich muss er bereits bei Gesprächsbeginn wissen, dass die Protokollführung seine Aufgabe sein wird.
c) Der Chef erkennt, ob der Mitarbeiter alles richtig verstanden hat oder ob es zu Missverständnissen gekommen ist.

## DAS PERSONALENTWICKLUNGSGESPRÄCH

### 1. Eine wesentliche Aufgabe des Vorgesetzten

Jede Führungskraft ist verpflichtet, dafür zu sorgen, dass ihre Mitarbeiter das vorhandene Leistungspotenzial entwickeln. Damit verfolgt der Vorgesetzte folgende Ziele:

- Sein Unternehmen kann mit gleicher Mannschaftsstärke und nicht wesentlich erhöhten Personalkosten (Ausgaben z. B. für das Training on- oder off-the-job) qualifizierte Arbeitsergebnisse erreichen
- Das gleiche günstige Resultat ergibt sich für die Arbeitsgruppe der Führungskraft selbst, bleibt der geförderte Mitarbeiter in ihr
- Dieser selbst gewinnt eine positivere Einstellung zum Unternehmen und zu den Vorgesetzten, weil er sich als Mensch und Mitarbeiter ernst genommen fühlt. Er zeigt mehr Leistungsbereitschaft.

Diese Ziele scheinen das Förderungs- oder Personalentwicklungsgespräch als nicht schwer zu erweisen.

Die betriebliche Situation ist jedoch oft eine andere.

### 2. Die Problematik des Personalentwicklungsgesprächs

#### 1) *Mangel an Ehrgeiz*

Man geht einfach davon aus, dass sich jeder Mitarbeiter weiterentwickeln will. Manche Menschen legen aber den klaren Schwerpunkt ihrer Lebensgestaltung auf den häuslichen oder den sonstigen Freizeitbereich. Sie wollen deshalb die mit dem betrieblichen Aufstieg verbundenen zusätzlichen Anstrengungen vermeiden. Ihnen fehlt es am notwendigen Ehrgeiz.

#### 2) *Angst vor Überforderung*

Andere Mitarbeiter möchten zwar gerne aufsteigen, aber sie fürchten die damit verbundenen Konsequenzen. Ihr Selbstbewusstsein ist zu wenig entwickelt. Daher haben sie Angst davor, überfordert zu werden.

#### 3) *Starke Selbstüberschätzung*

Selbstverständlich gibt es auch die Selbsteinschätzung zum anderen Extrem hin. Der zu fördernde Mitarbeiter ist davon überzeugt, dass er bereits heute oder zumindest nach kurzer Zeit eine Stelle übernehmen kann, die ihn klar überfordern würde.

4) *Zukunftsaussichten*
Eine Problematik kann für beide Gesprächspartner bestehen:
Das Unternehmen vermag dem Mitarbeiter in absehbarer Zeit keine Position zu bieten, die von der Aufgabenstellung wie der finanziellen Dotierung her seinen Begabungen und Neigungen entspricht.
Obwohl der Vorgesetzte seinen Mitarbeiter hervorragend beurteilt und sich für das Gespräch mit seinem unmittelbaren Chef abgestimmt hat, trifft er dennoch nicht die klare Entscheidung, nach der ihn der Mitarbeiter mit Recht fragen wird.

5) *Skepsis des Mitarbeiters*
Es kann beim Mitarbeiter auch Skepsis gegenüber Versprechungen vorliegen, wenn er bereits mehrfach bitter enttäuscht worden ist.

## 3. Der Gesprächsaufbau

### 1) *Vorbereitung für den Mitarbeiter*
Da es sich beim Personalentwicklungsgespräch um ein Grundsatzgespräch handelt, soll der Mitarbeiter bereits einige Tage vorher wissen, mit welcher Thematik sie sich beschäftigen werden, damit auch er sich entsprechend vorbereiten kann. Erhält er diese Chance dagegen nicht, muss das Gespräch unter Umständen zu mehreren Gelegenheiten geführt werden, weil der Mitarbeiter sich seine Entscheidungen in Ruhe überlegen will. Er fühlt sich überfahren.

### 2) *Anlässe für das Gespräch*
Dieses Gespräch wird sich häufig aus einem Beurteilungsgespräch entwickeln. Es kann aber aus akutem Anlass auch zu einem völlig anderen Zeitpunkt stattfinden, z. B. vor einer entsprechenden Förderungsmaßnahme des Unternehmens. Die Firma will beispielsweise eine Gruppe von Führungsnachwuchskräften zusammenstellen, die systematisch auf Aufgaben der Personalverantwortung vorbereitet werden soll.

### 3) *Selbsteinschätzung des Mitarbeiters*
Wieweit der Vorgesetzte einen Mitarbeiter fördern kann, hängt entscheidend von dessen Selbsteinschätzung ab. Deshalb darf nicht das Urteil des Vorgesetzten am Gesprächsanfang stehen, sondern das des Mitarbeiters über seine Fähigkeiten für die gegenwärtig von ihm besetzte Position bzw. Stellen, zu denen hin er weiterentwickelt werden könnte.
#### a) Güte der Selbsteinschätzung
Der Chef muss sich auf diesen Teil des Gesprächs besonders eingehend vorbereiten und einigermaßen richtig voraussehen, zu welchen Aussagen der Mitarbeiter gelangen wird. Den Mitarbeiter muss er veranlassen, seine Selbsteinschätzung im Einzelnen zu begründen.

Über Meinungen, Überzeugungen und Vermutungen lässt sich nicht diskutieren, ebenso wenig über Eindrücke, sondern nur über Fakten. Je stärker sachliche Gesichtspunkte in den Mittelpunkt des Gesprächs treten, desto unproblematischer wird es.

b) **Zukunftsaussichten**
Ist man sich über die Selbsteinschätzung einigermaßen einig geworden, wird das Gespräch darüber beginnen, wie die Zukunft dieses Mitarbeiters im Unternehmen aussehen kann, realistisch im Hinblick auf seine Fähigkeiten, aber auch die betrieblichen Gegebenheiten.

c) **Wege zum Ziel**
Der dritte Gesprächsabschnitt beschäftigt sich mit dem Weg zu diesem Ziel.
- Was muss der Mitarbeiter selbst leisten?
- Wie wirkungsvoll kann ihn dabei sein gegenwärtiger Chef unterstützen bzw. welche anderen Personen können ihm helfen?
- Worin besteht die Aufgabe der im Unternehmen für die Personalentwicklung Verantwortlichen?

d) **Konkrete Maßnahmen**
Im letzten Teil müssen konkrete Maßnahmen auch zeitlich so genau wie möglich festgelegt werden.

e) **Ausklang**
Das Gespräch sollte optimistisch ausklingen; denn der Mitarbeiter müsste es mit Zukunftsperspektiven verlassen.


4. **Das Verhalten bei Selbstunterschätzung des Mitarbeiters**

1) *Echte Unterschätzung?*
Der Vorgesetzte wird nach wenigen Minuten erkennen, ob der Mitarbeiter sich nur ziert oder aber sich ernsthaft bedeutend schwächer einschätzt als es seiner Leistungsstärke entspricht. Will der Mitarbeiter nur gebeten werden, also gilt bei ihm die Devise: „Fishing for compliments", wird er mit strahlendem Lächeln und gespielter Überraschung das Lob seines Vorgesetzten entgegennehmen. Ähnlich verhält sich ein Mitarbeiter, der jedes Selbstlob als unschicklich betrachtet.

2) *Ermutigung durch Belege und Vergleiche*
Größerer Anstrengungen bedarf es dagegen, wenn der Mitarbeiter sich zu wenig zutraut, was noch immer wegen ihrer stärkeren autoritären Erziehung als Kinder für Frauen zutrifft. Dieser Mitarbeiter wird auch ihm nachgewiesene Erfolge mehr dem glücklichen Zufall zuschreiben als dem eigenen Leistungsvermögen. Der Vorgesetzte muss deshalb eine Reihe von Situationen nennen können, in denen sich dieser Mitarbeiter so gut bewährt hat, dass es nahe liegt, ihn intensiv zu fördern. Er sollte auch Vergleiche von Kollegen des Mitarbeiters anführen, die einen ähnlichen Aufstieg, wie er jetzt für ihn vorgesehen ist, erfolgreich bewältigt haben.

### 3) *Glaubwürdigkeit der Versprechen*

Für den Mitarbeiter ist wesentlich, dass der Chef ihm Angst nimmt, weil er ihm glaubwürdig verspricht, ihn wirkungsvoll zu unterstützen. Das fällt umso schwerer, je mehr Beispiele der Mitarbeiter dafür kennt, dass auch ernsthafte Versprechungen nicht realisiert werden konnten. Dieser Mitarbeiter erwartet ganz konkrete Festlegungen von Seiten des Vorgesetzten und des Unternehmens.

## 5. Die starke Selbstüberschätzung des Mitarbeiters

Der Vorgesetzte muss sich gewissenhaft fragen, wie es dazu kommen konnte:

### *Bisher zu wenig Kritik?*

Hat er selbst im Beurteilungsgespräch oder bei punktuellen negativen Kritiken nicht gewagt, dem Mitarbeiter die negative Wahrheit zu sagen?

### *Der Mitarbeiter ein Träumer?*

Es kann jedoch auch sein, dass der Mitarbeiter dennoch bei seiner viel zu hohen Selbsteinschätzung geblieben ist. Einige Menschen leben in einer Traumwelt. Sie besitzen die Gabe, Positives überdimensional zu sehen, Versagen dagegen in seiner Tragweite nicht zu erkennen oder als kleinen Betriebsunfall zu werten.

### *Unrealistische Wunschvorstellungen*

Andere gehen weniger von ihrem Leistungsvermögen und erst recht den bisher erreichten Arbeitsresultaten aus, sondern von ihren Wunschvorstellungen, z. B. wie viel Geld sie zu ihrer Lebensgestaltung eigentlich benötigen, und das erwarten sie vom Unternehmen.

### *Abstimmung mit Oben*

Der Vorgesetzte muss verdeutlichen, wo nicht nur er selbst, sondern auch sein unmittelbarer Chef, diesen Mitarbeiter sieht; denn bei dem Frustrierten entsteht leicht der Eindruck, dieser Vorgesetzte möge ihn nicht. Dies wird er nämlich eher glauben, als sich sein teilweises Unvermögen einzugestehen.

### *Fundierte Absicherung der Kritik*

Der Vorgesetzte muss sich diesmal sehr genau vorbereiten. Sein Beweismaterial soll nicht nur besonders gut abgesichert sein, sondern er muss auch alle Rahmenbedingungen beachten, unter denen das unbefriedigende Arbeitsergebnis erzielt wurde. Der Mitarbeiter wird sich daraus Entschuldigungen zurechtlegen.

## Klare Personalentwicklung

Im Hinblick auf diesen Mitarbeiter muss der Vorgesetzte ebenso eine klare Planung seiner Personalentwicklung vorlegen können wie bei dessen leistungsstarken Kollegen. Ein Nein kann nie ausreichen. Es muss stets durch realistische und für das Gegenüber akzeptable Lösungen flankiert werden.

## Zwischenbilanz

Es kann sein, dass der Vorgesetzte gegenwärtig beim besten Willen die notwendige genaue Personalentwicklung nicht vorlegen kann. In diesem Fall sollte er sich gemeinsam mit dem Mitarbeiter terminlich auf ein weiteres Gespräch festlegen. Bis dahin müsste er klarer wissen, wie es mit dem Mitarbeiter weitergehen soll.

## 6. Weiterentwicklung nicht in der bisherigen Arbeitsgruppe

### 1) Eigennutz des Chefs

Hier stellt sich für viele Vorgesetzte noch immer eine Gretchenfrage. Sie sehen die Fähigkeiten ihres Mitarbeiters und wollen ihn deshalb auf keinen Fall verlieren, obwohl sie klar erkennen, dass sie ihm nicht das bieten können, was sie bieten müssten.

### 2) Folgen beim Mitarbeiter

Der fähige Mitarbeiter erkennt die Situation ebenfalls. Er wird frustriert und lässt deshalb in seiner Arbeitsleistung nach, ja vom Fortkommen im bisherigen Unternehmen nicht überzeugt, wird er sich folglich anderenorts umsehen. Kann man ihm das verdenken?

### 3) Vorteile trotz Verlust des Mitarbeiters

Der Vorgesetzte muss sich dazu durchringen, das Wohl des Unternehmens und des Mitarbeiters über die eigenen Interessen zu stellen. Auf Dauer hat auch er selbst Vorteile; denn

- der geförderte Mitarbeiter wird ihm freundschaftlich verbunden bleiben und ihn bei jeder sich bietenden Gelegenheit unterstützen
- seine Abteilung kann für fähige Nachwuchskräfte attraktiv werden, weil sie über die Tätigkeit in ihr schnelle und sichere Aufstiegsmöglichkeiten für sich sehen.

# 7. Grenzen der Weiterentwicklung im eigenen Unternehmen

## 1) *Pluspunkte des Großunternehmens*

Ein Großunternehmen kann dem besonders fähigen Mitarbeiter bedeutend mehr Möglichkeiten bieten, sich entsprechend seiner Begabungen weiterzuentwickeln, als eine kleinere Firma, wenn es in ihm eine betriebsübergreifende Personalentwicklung gibt. Das setzt aber beim Mitarbeiter voraus, dass er bereit ist, seinen Arbeitsplatz vorübergehend oder dauerhaft zu wechseln.

## 2) *Weiterentwicklung*
### a) im anderen Unternehmen

Hat eine kleinere Firma eine Position zu bieten, die der Mitarbeiter nach seiner personellen Weiterentwicklung besetzen könnte, sollte der Unternehmer ihn die nötigen beruflichen Erfahrungen als Praktikant in einem Kollegenbetrieb sammeln lassen.

### b) über ein Studium

Es kann sich auch im Großunternehmen zeigen, dass die für den Mitarbeiter ideale Entwicklungsmöglichkeit zunächst nur außerhalb möglich ist, z. B. über ein Studium. Früher schrieben die Unternehmen einen solchen Mitarbeiter rigoros „ab"; heute vereinbaren sie mit ihm:

- wieweit die Firma ihn finanziell beim Studium unterstützt
- wie eng der Kontakt zum Unternehmen bleibt
- welche Aufgaben er weiter wahrnimmt

Studienberatung zählt deshalb auch zu den Funktionen des Vorgesetzten.


# 8. Das Verhindern zu hoher Erwartungen

## 1) *Voraussetzungen für einen Aufstieg*

Ein gewichtiges Problem in Personalentwicklungsgesprächen besteht darin, dass der Mitarbeiter nach Abschluss der Personalentwicklungsmaßnahmen erwartet, möglichst sofort eine entsprechende Position im Betrieb zu erhalten. Diese Sicherheit besteht aber nur, wenn der Mitarbeiter planmäßig als Nachfolger eines demnächst ausscheidenden Stelleninhabers gefördert wird. In der Regel werden Personalentwicklungsmaßnahmen aber allgemeinerer Art sein, z. B. die

- Vorbereitung auf die erstmalige Übernahme von Personalverantwortung
- Ausbildung zum Spezialisten auf einem bestimmten Gebiet
- Job-Rotation zum Kennenlernen verschiedener Abteilungen nach Abschluss der Berufsausbildung.

## 2) *Viele Einflussfaktoren*

Durch die Personalentwicklung schaffen das Unternehmen und der Mitarbeiter die Voraussetzungen für einen entsprechenden Aufstieg. Ob dieser wirklich gelingt, ist von vielen Faktoren abhängig, die unter Umständen weder dieser Vorgesetzte noch sein Mitarbeiter wesentlich beeinflussen kann.

## DAS FÖRDERUNGSGESPRÄCH

**1. Die Förderung, eine wesentliche Führungsaufgabe**

*Unabdingbare Aufgabe*
In unserer Zeit gilt es als eine unabdingbare Aufgabe jedes Vorgesetzten, seine Mitarbeiter zu fördern. Dabei gilt es, zwei Extreme zu vermeiden:

1) *Die falsche Förderung*
*Ohne Prüfung der Eignung*
Die Führungskraft fördert ihre Mitarbeiter nicht entsprechend ihren Fähigkeiten, sondern nach den Neigungen, die sie angeben. Sie prüft nicht sorgfältig genug, ob der Mitarbeiter sich in seiner Leistungsfähigkeit über- oder unterschätzt.
*Seminarbesuch als Belohnung*
Einige Vorgesetzte sehen Weiterbildungsmaßnahmen, die meist außerhalb des Betriebes in landschaftlich schöner Umgebung stattfinden, als so attraktiv an, dass sie die Entsendung zu ihnen als Belohnung für besonders angenehme oder altgediente Mitarbeiter betrachten. Sie achten dabei nicht darauf, ob ihr Mitarbeiter zu der vorgesehenen Zielgruppe zählt.

2) *Keine Förderung*
*Nur die eigene Weiterbildung*
Eine Minderheit von ausgesprochen autoritären Vorgesetzten hält die eigenen Mitarbeiter für leistungsunwillig und leistungsschwach. Wenn sie überhaupt Weiterbildungsmaßnahmen als sinnvoll begrüßen, dann nur für sich selbst und nicht, um dabei zu lernen, sondern um sich darzustellen und den Seminarleiter so zu interpretieren, dass er seinen Standpunkt teilt. Mitarbeiter können alles für ihren „Job" Notwendige bei ihm selbst lernen.
*Kein Einfluss Dritter*
Darüber hinausgehende Weiterbildungsmaßnahmen lehnt er ab, weil dabei Dritte, in diesem Fall Seminarleiter und Trainer, auf „seine Leute" einwirken können. Wenn sie bisher offen keine Unzufriedenheiten äußerten, kann es danach vorkommen, dass dies geschieht. Warum sich also unnötige Schwierigkeiten einhandeln?

## 2. Förderung am Arbeitsplatz

### 1) *Seminar als bequeme Maßnahme*
Wenn ein Mitarbeiter bestimmte Schwächen zeigt, seien es solche fachlicher oder verhaltensmäßiger Art, denken manche Vorgesetzte nur an Weiterbildungsmaßnahmen in Kursusform. Das ist für sie die bequemste Lösung. Dabei übersehen sie zwei wesentliche Aspekte:

### 2) *Seminare sind kein Allheilmittel*
a) Die Form der Weiterbildung, die am schnellsten zu nachweislich besseren Ergebnissen führt, geschieht am Arbeitsplatz, in oder außerhalb der eigenen Arbeitsgruppe.
b) Die Teilnahme an Weiterbildungsmaßnahmen löst nicht alle Probleme. Viel wichtiger ist eine sorgfältige Auswahl der Mitarbeiter für eine bestimmte Tätigkeit. Hat der Vorgesetzte falsch entschieden, kann ein Seminarbesuch fast nutzlos sein. Wer grundlegende Mängel bei bestimmten Anforderungen besitzt, wird sie auch nach der Weiterbildungsmaßnahme noch aufweisen. Ein Trainer kann nur außerhalb der von Erbgut und Vorgeschichte festgelegten Eigenschaften des Mitarbeiters eine Veränderung herbeiführen.

### 3) *Verantwortlichkeit für die Förderung*
Der Vorgesetzte denkt in der Regel zuerst an eine externe Maßnahme, weil er dadurch glaubt, von seiner Führungsaufgabe der Förderung entlastet zu sein.
Er muss nur einmal entscheiden, wohin der Mitarbeiter entsendet werden soll, dann glaubt er, seine Schuldigkeit getan zu haben. Bei der Förderung am Arbeitsplatz selbst bleibt er dagegen voll verantwortlich. Er muss konkrete Maßnahmen entwickeln, diese selbst durchführen oder jemand anderen entsprechend anleiten und den Fortgang der Förderung kontrollieren.

### 4) *Welche Weiterbildung?*
Die Führungskraft handelt richtig, die gewissenhaft abwägt, welche Weiterbildungsmaßnahme den Mitarbeiter am schnellsten und intensivsten fördert:
eine Maßnahme am Arbeitsplatz, ein betriebsinterner Kurs, ein externes Seminar oder verschiedene, sich in ihrer Wirkung ergänzende Weiterbildungsmaßnahmen.


## 3. Probleme auf Seiten des Mitarbeiters

### 1) *Der Mitarbeiter hält Weiterbildung für negative Kritik*
*Offene Kritik*
Manche Vorgesetzte sagen offen, dass sie mit ihrem Mitarbeiter nicht zufrieden sind und deshalb dringend die Teilnahme an einer Weiterbildungsmaßnahme für

geboten halten. Dabei fügen sie den Satz „Sie haben es (mal wieder) nötig!" ein.

*Vermutete Kritik*
In anderen Fällen kritisiert der Chef nicht offen. Dennoch nehmen die Mitarbeiter an, er halte ihre Leistungen für nicht ausreichend. Sie können zu dieser Vermutung gelangen, weil der Vorgesetzte keinen Grund für die Weiterbildungsmaßnahme angibt und nur ausweichend antwortet. In anderen Fällen vermuten sie negative Kritik, da der Vorgesetzte sich selbst nicht weiterbilden lässt oder nur bestimmte Mitarbeiter entsendet. Sie fragen sich: „Habe ich es nötiger als der Kollege?".

## 2) *Der Mitarbeiter glaubt, alles zu können*
*Arrogante ältere Mitarbeiter*
Diese „Krankheit" befällt zwar besonders häufig Vorgesetzte, aber sie kommt auch bei Mitarbeitern vor. Es handelt sich meist um altgediente Mitarbeiter, die glauben, seit Jahren so erfolgreich gewesen zu sein, dass keine Steigerung möglich ist. Vereinzelt handeln Jungakademiker so, die arrogant genug sind, sich als Spitzenkräfte anzusehen.
*Ihr Gedanke ist: Trainer = Theoretiker, Mitarbeiter = Praktiker*
Die Ablehnung von Weiterbildungsmaßnahmen kann auf Mitarbeiter zurückgehen, die grundlegend davon ausgehen, dass sie die einzigen Praktiker sind, während Seminarleiter Theoretiker sein müssen. Sie pauschalisieren in ungerechtfertigter Weise negative Einzelerfahrungen.

## 3) *Der Mitarbeiter fürchtet, überfordert zu werden*
*Der Seminarungewohnte*
In diesen Fällen handelt es sich um Mitarbeiter, in der Regel ältere, die noch nie ein Seminar besucht haben. Beim Wort „Seminar" denken sie sofort mit negativen Emotionen an Schule und alle unangenehmen Erlebnisse, die sie aus dieser Zeit noch kennen. Sie sprechen bei Kollegen und im engeren Familienkreis davon, dass sie nach so vielen Jahren wieder auf der Schulbank sitzen müssen.
*Bloßstellung im Seminar?*
Leider gibt es auch Mitarbeiter, die aus eigenen Seminarerlebnissen oder aus Erzählungen Dritter zu wissen glauben, dass Seminarleiter Kursteilnehmer vor der Gruppe rücksichtslos bloßstellen. Dazu missbrauchen sie den Videorecorder als Medium und das Rollenspiel als Methode.
Der neue Trainer wird mit ihnen Rollenspiele erst durchführen können, wenn er durch überzeugenden menschlichen Kontakt, Gerechtigkeit und Einfühlungsvermögen bewiesen hat, dass schwerwiegende Misserfolgserlebnisse bei ihm ausgeschlossen sind.

## 4) *Der Mitarbeiter glaubt, keine Zeit zu haben*

Alle Seminarleiter wissen, dass es für Seminare vorgesehene Mitarbeiter gibt, die immer wieder trotz angeblicher Bemühungen daran gehindert sind zu kommen. Sie würden gerne teilnehmen, aber der Arbeitsanfall lässt es nicht zu.

*Wahre Gründe*

Hin und wieder kann man den wahren Grund nicht nur vermuten, sondern sogar beweisen, sofern man darüber informiert ist, dass

- der Mitarbeiter im privaten Gespräch mit Kollegen oder bei anderer Gelegenheit Unsicherheit offen eingestanden oder die Weiterbildungsmaßnahme als unnötig verurteilt hat
- er als Vorgesetzter wiederholt bei Führungsaufgaben versagt hat
- er sich stets vor allem „drückt", was nicht unmittelbar mit seiner fachlichen Arbeit zusammenhängt.

Vereinzelt gibt es auch Mitarbeiter, die keinen Tag außerhalb ihrer Familie oder ohne Freund/Freundin verbringen wollen.

## 4. Ihr richtiges Verhalten als Gesprächsführer

### 1) *Die Motivation zur Weiterbildung*

*Ziel: Verhaltensänderung*

Es ist nicht leicht, in schriftlicher und/oder mündlicher Form die richtigen Worte zu finden. Jede Weiterbildungsveranstaltung soll Verhalten überprüfen, in Frage stellen und ggf. auch ändern. Selbstverständlich kann sich eine Bestätigung des bisherigen Verhaltens ergeben. Das ist ebenfalls wertvoll, vorausgesetzt, der Mitarbeiter hat den Seminarleiter richtig gedeutet und nicht in seinem Sinne Aussagen geändert.

*Besser sein als gut*

Eine Motivation könnte inhaltlich aus der These bestehen: „Das Bessere ist der Feind des Guten!"

Damit sagt der Vorgesetzte, dass seine Mitarbeiter bereits gut arbeiten aber ihren Vorsprung, z. B. gegenüber den Mitbewerbern, nicht verlieren dürfen. Es gilt, ihnen stets einen Schritt voraus zu sein, auch bei Weiterbildungsmaßnahmen.

*Hilfe durch den Vorgesetzten*

Positive Wirkungen bei der Einführung von Weiterbildungsmaßnahmen werden sich verstärken, wenn

- der Vorgesetzte am gleichen oder einem ähnlichen Seminartyp selbst teilnimmt
- er sich voll damit identifiziert
- der Mitarbeiter rechtzeitig, klar und umfassend genug über Zielsetzung, Dauer, Methodik, Medien und den vorgesehenen Seminarleiter unterrichtet wird.

*Mitwirkung bei der Seminarvorbereitung*
Der Idealzustand der Motivation wird erreicht, wenn die Mitarbeiter selbst an der Vorbereitung der Weiterbildungsmaßnahmen mitwirken können.

## 2) Verhalten gegenüber dem arroganten Mitarbeiter

*Anspruchsvolles Seminarprogramm*
Sie müssen in diesem Fall mit dem Seminarleiter zusammenwirken. Handelt es sich um eine Gruppe arroganter Mitarbeiter, sollte ihnen bereits die Seminarankündigung und das Programm zeigen, dass sie voll gefordert werden. Eine Möglichkeit besteht darin, mit dem Seminarleiter abzusprechen, dass dieser die Mitarbeiter an die Grenzen ihres Könnens führt. Härter aber darf der Trainer nicht vorgehen, weil er sich sonst unfair verhält.

*Angemessene Forderungen*
Je genauer Sie den Mitarbeiter kennen, je exakter Sie den Seminarleiter über die Einstellung und die Leistungsfähigkeit der Teilnehmer unterrichten, je länger die Seminardauer und je kleiner der Teilnehmerkreis ist, desto individueller und damit angemessener kann der Trainer seine Anforderungen festlegen.

## 3) Die Ermutigung des ängstlichen Mitarbeiter

*Lob des Mitarbeiters*
Sie können diesem Mitarbeiter nur die übertriebene Angst nehmen, wenn
- Sie seine bisherige Leistung und die gezeigte Aktivität loben,
- Sie daraus ableiten, dass er die ihm gestellte neue Aufgabe ebenfalls meistern wird,
- ihm Zielsetzung, Programm und Methoden zeigen, wie sehr der Mitarbeiter auf den bisherigen Berufserfahrungen aufbauen kann.

*Glaubwürdiger Chef*
Die Argumentation allein wird den ängstlichen Mitarbeiter nicht überzeugen, entscheidender ist, dass er dem Vorgesetzten sein Vertrauen schenkt. Er muss durch sein Auftreten glaubwürdig wirken.

*Glaubwürdiges Auftreten*
Die Argumentation allein wird den ängstlichen Mitarbeiter nicht überzeugen, entscheidender ist, dass er Ihnen sein Vertrauen schenkt. Sie müssen durch Ihr Auftreten glaubwürdig wirken.

## 5. Das Gewinnen des unentbehrlichen Mitarbeiters

Wesentlich kommt es darauf an, warum sich der Mitarbeiter für unentbehrlich hält. Hauptmotive für dieses Verhalten sind:
a) die sachlich zutreffende Überforderung,

b) die Angst davor, dass sich in seiner Abwesenheit herausstellt, wie gut die Firma auch ohne ihn auskommt,

c) das „Untergehen" eines Menschen in Arbeit, aus welchen Gründen auch immer.

## Zu a)

Der Vorgesetzte muss dafür sorgen, dass der Mitarbeiter keinen Platzhalter für die Zeit seiner Abwesenheit erhält, sondern einen echten Stellvertreter.

Außerdem soll er den Mitarbeiter zu solchen Seminaren entsenden, die ihm helfen, das Zuviel an Arbeit doch noch zu bewältigen. Das wären z.B. Weiterbildungsmaßnahmen über

- rationelle Arbeitstechnik
- Entscheidungstechnik
- die Möglichkeit der Delegation
- das erfolgreiche, rasche Führen von Mitarbeiterbesprechungen
- bessere Informationen und Kommunikation

## Zu b)

Sehr häufig ist der Vorgesetzte selbst der Urheber dieser Angst. Er hat dem älteren Mitarbeiter verdeutlicht, dass er mit der Zeit nicht mehr mitkommt. So hat er ihn zur ständigen Notwehr gezwungen. Der Vorgesetzte müsste ihm stattdessen darlegen, für wie wertvoll er seine Berufserfahrungen hält. Er erfülle deshalb die ihm gestellten Aufgaben, aber warum solle er nicht lernen, durch Übernahme neuer Gedanken noch besser zu werden?

## Zu c)

Die Führungskraft sollte bei Beginn eingreifen und diese Unsitte erst gar nicht entstehen lassen. Leider gibt es aber Vorgesetzte, welche die Dauer der physischen Anwesenheit im Betrieb mit Einsatzbereitschaft verwechseln. Jeder Mitarbeiter sollte fähig sein, die ihm gestellten Aufgaben während der regulären Arbeitszeit zu erfüllen. Benötigt der Mitarbeiter länger, dann ist er entweder zu langsam, er arbeitet unrationell oder aber ihm sind zu viele Aufgaben übertragen worden, so dass deren Reduzierung möglichst rasch erfolgen muss. Dabei können wie bei b) entsprechende Seminarveranstaltungen wertvolle Hilfe bieten.

## MOTIVATION DES MITARBEITERS BEI FEHLENDER EIGENMOTI-VATION

### Vorüberlegungen

*Überdenken der eigenen Entscheidung*
Es ist nicht vermeidbar, dass man als Vorgesetzter hin und wieder Entscheidungen auch gegen den Willen einer Führungskraft fällt. Man muss sich aber sicher sein, dass die eigene Vorgehensweise sachlich richtiger ist. Noch eingehender zu überlegen ist, wenn mehrere Führungskräfte, vielleicht sogar die ganze Gruppe der eigenen Mitarbeiter mit Führungsaufgaben, einen gegenteiligen Standpunkt vertreten. Auf keinen Fall darf die eigene Entscheidung darauf zurückgehen, Macht zu demonstrieren, sich durchzusetzen.

### 1. Gründe für diese Problemsituation

Jede Führungskraft hat immer wieder die unangenehme Aufgabe, Mitarbeiter von Entscheidungen der Geschäftsleitung oder des nächsthöheren Vorgesetzten zu überzeugen, die sie selbst nicht teilt, unter Umständen sogar massiv ablehnt. Der Vorgesetzte soll einen Mitarbeiter, der selbst Führungskraft ist, nur selten mit dieser schwierigen menschlichen Aufgabe betrauen.

*1) Gefahr der Solidarisierung*
Es besteht nämlich die Gefahr, dass sich der Widerstand des Mitarbeiters verstärkt und die Gegnerschaft durch eine Solidarisierung zwischen ihm und seinen Mitarbeitern zunimmt. Erkennt der Vorgesetzte, wie schwer der eigene Mitarbeiter unter der Aufgabe leidet, soll er ihn davon befreien und selbst das Gespräch führen.

*2) Stattdessen Loyalität*
Andererseits muss der Regelfall sein, dass der Mitarbeiter trotz seines gegenteiligen Standpunktes die Entscheidung seines Vorgesetzten loyal vertritt.
*Beispiele:*
• Der Gruppenleiter hat einen Mitarbeiter beurteilt, sein Abteilungsleiter die Entscheidung geändert.

- Der Gruppenleiter hat eine Maßnahme angeordnet, sein Abteilungsleiter verlangt die Rücknahme wegen übergeordneter Gesichtspunkte oder wegen Überschreitung der Kompetenzen.
- Die Führungskraft befürwortet den Antrag des Mitarbeiters auf Gehaltserhöhung, ihr Vorgesetzter lehnt ab.

## 2. Die Schwierigkeiten der unterstellten Führungskraft

### 1) *Solidarisierung mit dem zu motivierenden Mitarbeiter*
Die Führungskraft verkündet zwar die Entscheidung ihres Vorgesetzten, verdeutlicht dabei aber bereits dem Mitarbeiter, dass sie diese ablehnt. Das kann geschehen z.B. durch
- die Wortwahl
- die Betonung
- das wenig überzeugende Gesamtverhalten
- die schwache Begründung.

Während in diesen Fällen zumindest noch eine scheinbare Loyalität vorliegt, distanziert sich die Führungskraft in anderen Situationen offen vom Standpunkt ihres Vorgesetzten. Einige Führungskräfte versuchen sogar, sich mit ihren Mitarbeitern deutlich gegen den Vorgesetzten zu wehren, um die Verwirklichung der für beide unangenehmen Entscheidung vielleicht sogar über einen Dritten doch noch zu verhindern.

### 2) *Schwierigkeiten bei der Argumentation*
Andere Führungskräfte verhalten sich schweren Herzens loyal. Es kann aber für sie Probleme geben, wenn sie die Entscheidung ihres Vorgesetzten erfolgreich beim eigenen Mitarbeiter vertreten müssen.

*Treffende Gegenargumente*
Dieser bringt Gegenargumente vor, vielleicht sogar die gleichen, von deren Richtigkeit die Führungskraft überzeugt ist. Diese will die eigene Überzeugung aus Loyalität nicht offen zugeben, versucht also den von ihr abgelehnten Standpunkt zu behaupten und scheitert, weil ihr überzeugende Argumente fehlen.

*Herausforderung durch den Mitarbeiter*
Andere clevere Mitarbeiter wissen entweder aus früheren Gesprächen, dass die Führungskraft mit der von ihr vorgetragenen Entscheidung nicht übereinstimmen kann oder sie erahnen es aus der Schwäche der Argumentation bzw. der Unsicherheit des Auftretens. Dieses Dilemma der Führungskraft sprechen sie deutlich an: „Sie sind doch auch meiner Meinung!"

# 3. Möglichkeiten zur Problemlösung durch den Mitarbeiter

## 1) *Hineindenken in das Pro*

Der Mitarbeiter kann die ihm gestellte Aufgabe nur meistern, wenn es ihm erfolgreich gelingt, sich in den Standpunkt seines Vorgesetzten hineinzudenken. Es gibt fast keine Entscheidung, für die es nur Gegenargumente gibt, sondern in der Regel ist bei umstrittenen Fragen sowohl ein sachlich begründetes Pro als auch ein Contra möglich. Der Mitarbeiter muss sich in das Pro hineindenken und sich vom eigenen Contra psychologisch immer mehr und möglichst rasch und konsequent lösen. Das darf nicht durch Resignation, sondern muss durch Selbstüberzeugung geschehen oder wenn dies misslingt, durch das Denken eines Sportlers, der im fairen Wettkampf verloren hat.

## 2) *Fairer Verlierer*

Der Vorgesetzte muss der für ihn unangenehmen Entscheidung eine positive Seite abgewinnen: Die Entscheidung ist endgültig, deshalb gilt es jetzt, das Beste aus ihr zu machen, wie der Amerikaner in dieser Situation zu sagen pflegt.

## 3) *Keine Einwandvorwegnahme*

Auf keinen Fall darf die Führungskraft in ihrem Motivationsgespräch die eigenen Gegenargumente als voraussichtliche Punkte des Mitarbeiters vorwegnehmen und sie zu widerlegen suchen. Damit bringt sie sich selbst in Versuchung. Außerdem kommt der Mitarbeiter wegen seiner anderen Position und Denkweise von sich aus vielleicht nicht auf den Einwand.

# 4. Hilfen für die motivierende Führungskraft

## 1) *Ruhige, sachliche Argumentation*

*Überzeugen*

Mein Mitarbeiter wird seine Aufgabe als Führungskraft am leichtesten bewältigen können, wenn es mir als seinem Vorgesetzten gelingt, ihn zu überzeugen. Bin ich dabei erfolgreich, stellt sich das Problem der Selbstmotivation nicht mehr für ihn. Auf jeden Fall muss der Mitarbeiter ausreichend seinen Gegenstandpunkt vertreten können und ich müsste mir Zeit nehmen, mich fair und geduldig damit auseinander zu setzen.

*Emotionale Widerstände*

Bei dieser Gelegenheit ist auch zu klären, wie stark der Widerstand meines Mitarbeiters, weniger in sachlicher als in emotionaler Hinsicht ist.

## 2) *Hilfen für die Weitergabe der Entscheidung*

*Argumentationshilfen*

Es geht nicht nur darum, die eigene Führungskraft zu überzeugen. Sie soll befähigt werden, meinen Standpunkt gegenüber ihren Mitarbeitern zu vertreten, folglich benötigt sie Argumentationshilfen. Ich darf sie als Vorgesetzter nicht mit ihren Problemen allein lassen. Es gilt, ihr vor allem Hilfen mitzugeben, wenn sie mit starken Widerständen ihrer Mitarbeiter zu rechnen hat. Dazu bedarf es nicht nur sachlicher Argumente, sondern auch psychologischer Hilfen.

*Bestärkung des Mitarbeiters*

Die Führungskraft muss den Eindruck gewinnen, dass sie die unangenehme Aufgabe wird meistern können; denn mit großer Wahrscheinlichkeit fürchtet sie nicht zu Unrecht, bei der Argumentation in Schwierigkeiten zu geraten.

# Sachregister

Anforderungsprofil 21, 78, **93 ff.**
Angst **52 f.**, 130, 133, 140
- vor Konflikten 85, 103
Arbeitsbedingungen **59 ff.**
Arbeitsklima 6 f., 41
Argumentation 15, 53, 62 f., 89, 113, 140, **143 f.**
Arroganz 101, **111**, 124
Autoritäre Mitarbeiter **44**, 91
Autorität 31, 44, 88
- fachliche 5, **91**, 113
- institutionelle **22**, 91
- persönliche 5, 22, 50, 91, 96, 113

Beobachtung 48f., 65, 67, **69**, **74 ff.**, 125
- Beurteilung 65
- Fremd- und Selbstbeob. 75
Beobachtungsfehler 74 ff.
Besserwisserische Mitarbeiter 113
Betriebsklima **6**, 18, 36
Beurteilungsfehler **76 ff.**, 101
Beziehung 32, 114, 117
- persönliche **1 ff.**, 7, 25, 83

Choleriker 19f., **108 ff.**
Coach 56

Delegation 23
Demotivation 7 ff., 40 f.
Dialog **61 ff.**, 81, 115, 125 ff.

Einfühlungsvermögen **57**, 138
Einstellung 2, 5, 20, 28, 42 ff., 52, 62, **79 ff.**, 91ff., 102, 117, 130
Einstellungsgespräch 69, 70

Einstellungsveränderung 52, 80 ff., 98
Einwand 61, 144
Emotionen 11 f., 19, 24 f., 75, 102 f., 114, 116, 138
- fehlende Sensibilität für 103
Ergebnisprotokoll 128
Erstkritik 87 ff.
Erwartungen 98, 100
- zu hohe **94**, 135
extrovertiert **100 f.**

fahrlässig
- grob 12 f.
Fragetechnik 16, 71
Frustration **7 f.**, **40 f.**, 88
Führungsstil 2 ff.
- autoritärer 4
- demokratischer 2, 4 f.
- kooperativer 4, 64
- laisser-faire 4 f.

Gesichtspunkte
- personenbezogene 107
- sachbezogene **106**, 132
Gespräch 8 ff., 16, 33, 62, 68, 71, 84, 89, 114, 115 f., **130 ff.**, 142
- prinzipielles 92
Gesprächsanalyse 115
Gleichbehandlungsgrundsatz 32

Harmoniebedürfnis
- zu starkes 68 f.
hierarchische Strukturen 4, 7, 116

146

Klaus Rischar, Christa Titze

# Qualitätszirkel

## Effektive Problemlösung durch Gruppen im Betrieb

4., erweiterte Auflage, 189 Seiten,
EURO 26,00, sfr 45,60
Reihe Praxiswissen Wirtschaft Bd. 3
ISBN 3-8169-1596-5

Dieses Buch füllt eine Lücke aus. Es stellt handbuchartig nicht nur die Grundkonzeption des Qualitätszirkels dar, sondern gibt auch einen Überblick über die zahlreichen Varianten, die gegenwärtig diskutiert werden.

**Inhalt:**
Die Konzeption der Qualitätszirkel - Anforderungen - Das methodische Vorgehen - Die Organisation - Die Abgrenzung zu anderen betrieblichen Einrichtungen - Qualitätszirkel und Lernstatt - Training und Beratung bei der Einführung - Die kritische Einführungsphase - Die Fehler von Steuerungsgruppen, Koordination, Zirkelleitern und -teilnehmern - Training und Beratung - Konflikte zwischen Linienvorgesetzten und Qualitätszirkeln

**Pressestimmen:**
„Als Einführung empfehlenswert" *ekz-Informationsdienst*

„...erfrischend, sachlich und pragmatisch ... ein Handbuch, das jeder QC-Beteiligte als QC-Zugangsvoraussetzung mitbringen sollte."
*Personal Potential*

**Die Interessenten:**
- Geschäfts-, Abteilungs- und Personalleiter
- Verantwortliche für die Bereiche Produktion, Produktqualität, Marketing

Fordern Sie unsere Fachverzeichnisse an!
Tel. 07159/9265-0, FAX 07159/9265-20
e-mail: expert @ expertverlag.de
Internet: http://www.expertverlag.de

**expert verlag GmbH · Postfach 2020 · D-71268 Renningen**

Dipl.-Psych. Christa Titze, Dr. Klaus Rischar

# Methoden der Persönlichkeitsanalyse

**Menschen beurteilen und auswählen**

2001, 216 Seiten, EURO 26,00, sfr 45,60
Praxiswissen Wirtschaft, Band 56
ISBN 3-8169-1806-9

Mitarbeiter und Bewerber beurteilen und auswählen ist eine ständige Anforderung der Praxis. Um Fehlentscheidungen zu vermeiden, ist eine Vorstellung über den Aufbau der Persönlichkeit und ein verbessertes methodisches Vorgehen unerlässlich.

Das Buch vermittelt Ihnen
- wie die Persönlichkeit aufgebaut und strukturiert ist
- wie Sie von exakten Beobachtungen zu Urteilen gelangen
- wie Sie das Beurteilen methodisch objektivieren
- wie Sie ein Bewerbergespräche aufbauen und auswerten.

Für alle personenbezogengen Entscheidungen - dienstlich oder privat - bietet das Buch ein konzeptionelles Gerüst und die darauf aufbauende praktische Anwendung, um Menschen einzuschätzen.

*Inhalt:*
Intuition oder Methode - Ein Modell der Persönlichkeit - Von der Beobachtung zur Erkenntnis - Potential-, Verhaltens-, Leistungsbeurteilung - Aufbau und Einsatz der Instrumente - Vorinformationen über externe Bewerber - eine Gesprächskonzeption zum Erkennen der Persönlichkeit, die Exploration - Anforderungen an Interviewer - Erkenntnisse und Prognosen

*Die Interessenten:*
- Personalleiter, Personalreferenten
- Führungskräfte, die einstellen und beurteilen
- Geschäftsführer, Verwaltungsleiter, Dienststellenleiter
- Betriebsräte, Personalräte
- Alle Berufstätigen und Hochschulabgänger

**Fordern Sie unsere Fachverzeichnisse an!**
**Tel. 07159/9265-0, FAX 07159/9265-20**
**e-mail: expert @ expertverlag.de**
**Internet: http://www.expertverlag.de**

**expert verlag GmbH · Postfach 2020 · D-71268 Renningen**